Melody Beattie

Nimm dich endlich, wie du bist

Selbstbefreiung im Alltag

W0353495

WILHELM HEYNE VERLAG
MÜNCHEN

Titel der amerikanischen Originalausgabe:
STOP BEING MEAN TO YOURSELF
A Story About Finding the True Meaning of Self-Love

Ins Deutsche übertragen von Gabriel Stein

Umwelthinweis:
Dieses Buch wurde auf chlor- und säurefreiem Papier gedruckt.

Die Originalausgabe erschien im Verlag HarperSanFrancisco.
Copyright © 1997 by Melody Beattie
Copyright © 1999 der deutschen Ausgabe
by Wilhelm Heyne Verlag GmbH & Co. KG, München
Published by arrangement with HarperSanFrancisco,
a division of HarperCollins Publishers
Umschlaggestaltung: Martina Eisele, München
Umschlagfoto: TCL / Bavaria
Satz: Leingärtner, Nabburg
Druck und Bindung: RMO Druck, München
Printed in Germany

ISBN 3-453-15357-X

Inhalt

An meine Leser

Ich danke Ihnen, daß Sie mir die Treue hielten,
während ich mich in meinem Leben und in meinem
Schreiben weiterentwickelt habe.
Der Virginia-Slims-Werbespruch gilt auch für uns:
»Freunde, wir haben einen weiten Weg
zurückgelegt.«

Für Nelle,
die während der Niederschrift
dieses Buches von uns ging

Nelle, Du warst der Inbegriff von Tapferkeit.
Du hast viele schwere Kämpfe ausgefochten
und gewonnen.
Danke, daß ich für Dich reisen durfte,
als Du durch Deine Krankheit ans Bett gefesselt warst.
Danke für Deine Gegenwart in meinem Leben.

Mein Herz dichtet ein feines Lied,
einem König will ich es singen;
meine Zunge ist der Griffel eines guten Schreibers:
Du bist der Schönste unter den Menschenkindern,
voller Huld sind deine Lippen;
wahrlich, Gott hat dich gesegnet für ewig.
Gürte dein Schwert an die Seite, du Held,
und schmücke dich herrlich!
Es möge dir gelingen in deiner Herrlichkeit.
Zieh einher für die Wahrheit in Sanftmut
und Gerechtigkeit,
so wird deine rechte Hand Wunder vollbringen.

Psalm 45, 2-5

Einleitung

Das vorliegende Buch basiert zum großen Teil auf einer Reise durch Nordafrika, die ich Anfang 1996 unternahm. Es handelt von einer Initiation, einem Tor, das ich durchschritt. Während die Jahrtausendwende näherrückt, passieren viele von uns ein ähnliches Tor.

Man könnte dieses Buch als ein weiteres Selbsthilfebuch bezeichnen, aber solche Etikettierungen nützen niemandem. Wir brauchen keine »Schema-F-Bücher« mehr, es gibt schon zu viele. Sie sind einfach zu »bequem«, denn sie bewirken, daß wir reden, ohne nachzudenken, daß wir Ratschläge erteilen, ohne Mitgefühl zu empfinden, daß wir leichtfertig Kritik üben und Urteile fällen in einer Welt, die dieses Verhalten fast schon zur Norm erhoben hat. Es geht hier also nicht darum, mit dem Finger auf jemand anders zu zeigen und zu sagen: »Du machst es verkehrt!«

Vielmehr leitet mein Buch dazu an, freundlicher zu sein – gegenüber der Welt und den Menschen in unserer Umgebung, vor allem aber gegenüber uns selbst. Es zeigt, wie wir lernen können, uns im tiefsten Inneren zu lieben – vielleicht noch inniger, als dies durch Erziehung und Zuspruch bisher möglich war. Es untersucht, auf welch unterschiedliche Weise wir uns quälen, bestrafen, mißhandeln – wobei sich auch zeigen mag, inwiefern wir den geliebten Wesen das gleiche antun. Es behandelt die Kunst des Lebens und des Liebens – und legt uns nahe, Freude, ja Glück zu erstreben in einer Zeit, da viele sich fragen, ob dieser Zustand überhaupt erreichbar ist.

Ich schrieb diese Seiten für Menschen, die sich mit Problemen herumschlagen und ihrer längst überdrüssig sind; die alles Erdenkliche versucht haben, um sich zu heilen und ihr Leben in den Griff zu bekommen; und die weiterhin erwägen, ob sie sich von ihrem Arzt oder Psychiater ein Antidepressivum verordnen lassen sollen. Für Menschen, die ein solches bereits einnehmen. Für Menschen, die daran zweifeln, ob sie ihren früheren Erfahrungen, ihren gelernten Lektionen, ihren anvisierten Zielen vertrauen können. Für Menschen, die viele Bücher über die wundersamen Verheißungen des nächsten Jahrtausends gelesen haben und indessen mit ihrem gegenwärtigen Alltag konfrontiert sind. Für Menschen, die häufig den ersten Abschnitt von M. Scott Pecks *The Road Less Traveled* zitieren, wo es heißt, »das Leben ist schwierig«; denn dieser Satz hat sich ihnen besonders eingeprägt. Für Menschen, die das Kauderwelsch der Experten satt haben. Für Menschen, die es leid sind, so hart an sich zu arbeiten, nur um dann herauszufinden, daß bei ihnen – abgesehen von einigen kleinen Veränderungen und gelegentlichen Einsichten, zu denen sie ohnehin gelangt wären – alles genauso abläuft wie bisher. Für Menschen, die nicht länger glauben, daß die Kirschen in Nachbars Garten besser schmecken, die aber trotzdem untröstlich sind, weil der Gedanke an das Unglück der anderen sie noch mehr erschreckt als die Vorstellung, selbst vom Glück ausgeschlossen zu sein. Für Menschen, die sich in frühere Leben vertieft und die parapsychische Phänomene erforscht haben, die unzählige Workshops besucht, regelmäßig ihren Therapeuten konsultiert haben und trotzdem immer noch nicht begreifen, worum es eigentlich geht. Für Menschen, die mit ihren Gefühlen umzugehen wissen und sich gleichwohl die bange Frage stellen, ob dieser kräftezehrende Prozeß nie ein Ende nehmen wird. Für Menschen, die ihr Leben zumindest teilweise in die Hände von jemand anders gelegt haben und immer wieder enttäuscht sind, sobald sie merken, daß diese Person im Grunde weniger weiß als sie selbst. Für Menschen schließlich, die ahnen, daß heute eine tiefgreifende spirituelle Umwälzung stattfindet, die jedoch nicht genau sagen können, worin diese eigentlich besteht.

Ich schrieb dieses Buch für junge Leute, für Menschen in mittleren Jahren und für die Älteren.

Ich schrieb es für mich selbst.

1986 veröffentlichte ich *Codependent No More**. In

---

* Die deutsche Ausgabe erschien 1990 unter dem Titel *Die Sucht, gebraucht zu werden* im Wilhelm Heyne Verlag München.

gewisser Hinsicht ist das vorliegende Buch eine Fortsetzung oder Ergänzung dazu. Es ist ein Leitfaden für den geistigen Krieger, ein Handbuch zur Jahrtausendwende, während wir genauso aufmerksam wie nachdenklich der kommenden Ereignisse harren.

Begleiten Sie mich nun in das Land Scheherazades, der sagenumwobenen Erzählerin aus *Tausendundeine Nacht*. Lassen Sie die nachfolgenden Botschaften ganz unvoreingenommen auf sich wirken. Ich hoffe – nein, ich weiß, *Insha'a Allah* –, daß die geheimnisvolle, zärtliche, bezaubernde Kraft des Halbmonds mit Stern, der an einem stillen Weihnachtsabend den Himmel erhellte, Sie ebenso bewegen wird wie mich – und daß auch Ihnen ein außergewöhnliches Abenteuer bevorsteht.

1. KAPITEL

Das Verhör

»Geben Sie Gas!« sagte ich zu dem Taxifahrer, als wir uns mühsam einen Weg durch Giseh bahnten.

Er drehte sich um und sah mich fragend an. »Gas geben?« wiederholte er mit arabischem Akzent. Offensichtlich verstand er nicht.

»Ja, Gas geben! Tempo«, sagte ich und machte eine kurze, schwungvolle Handbewegung.

»Ah!« Er nickte wissend. »Schnell!«

»Ja, schnell.«

Es war eine seltsame Erfahrung gewesen, die vergangenen drei Wochen in Ländern zu verbringen, in denen nur wenige Leute Englisch sprachen und mein Französisch bestenfalls zu einem »*Bon soir, Pierre*« reichte; dieser Gruß klang so, als ob ich ihn, der Sprecherstimme eines billigen Französischkurses folgend, einfach nachplapperte. Ich warf einen letzten Blick zurück auf die Pyramiden. Für die abendlichen Führungen angestrahlt, glühten sie geheimnisvoll vor dem Horizont der Wüste. Ich sank tiefer in den Sitz und schloß die Augen. Jetzt trat der Fahrer pflichtbewußt aufs Gaspedal. Ich sah nicht mehr hin. Kairo ist eine Stadt mit sechzehn Millionen Einwohnern, die auf engstem Raum zusammenleben; in den Vereinigten Staaten böte ein solches Gebiet höchstens einer Viertelmillion Menschen Platz. Hier Auto zu fahren ist etwa so, als würde man in Los Angeles über den 405 Freeway ohne Spurmarkierungen und ohne strenge Verkehrspolizisten rasen.

Viele Situationen und Ereignisse überraschen uns nicht mehr, und trotzdem können wir uns nicht an sie gewöhnen. Ähnlich erging es mir mit dem Autofahren in Nordafrika. Es wunderte mich nicht mehr, dennoch erschien es mir irgendwie fremd. Als wir den Parkplatz vor dem Kairoer Flughafen erreichten, empfand ich ein Gefühl von Erleichterung. Ich war der Heimat ein Stück näher. Genauso, wie ich davon überzeugt gewesen war, diese Reise trotz der Warnungen des Außenministeriums unternehmen zu müssen, wußte ich jetzt, daß sie sich dem Ende zuneigte. Beim Verlassen des Hotels hatte mich fast die Panik ergriffen. So hatte ich ein Taxi gerufen, um vor der Fahrt zum Flughafen noch einen Abstecher nach Gizeh zu machen und mich von Essam zu verabschieden.

Ursprünglich hatte ich noch einige weitere Wochen hier bleiben wollen. Ich spürte, daß Essam über meine vorzeitige Abreise enttäuscht war. Aber er hatte meine Entscheidung respektiert und keine Einwände erhoben, sondern lediglich ein paar Fragen gestellt. Kurz nach meiner Ankunft in Kairo hatte er mir erklärt, was die arabische Redewendung *Insha'a Allah* bedeutet.

Das war an jenem Abend, als ich seiner Schwester und Tante auf Wiedersehen sagte und sie mir zu verstehen gaben, daß meine Abreise sie traurig mache.

»Keine Sorge«, erwiderte ich. »Ich werde bald wiederkommen. Das verspreche ich.«

»Sag nicht so etwas«, korrigierte mich Essam. »Sag nie: ›Ich werde das tun‹. Sag lieber: ›Ich werde es tun, Insha'a Allah.‹«

»Und was heißt das?« fragte ich.

»So Gott will«, antwortete er.

Mein Aufenthalt in Nordafrika war ein Traumurlaub – oder vielleicht eher der Traumurlaub einer »Co-Abhängigen«. Aber der gleiche Wirbel, der mich hierher gezogen hatte, trieb mich auch an all jene Orte, die für meine Recherchen wichtig waren. Allmählich stellte sich heraus, daß die Arbeit an diesem Buch eine Erforschung meiner selbst und meines Lebens beinhaltete – und daß ich innerlich gesunden mußte. Es gab Phasen, da das ganze Unternehmen mir mehr wie eine Initiation als eine Forschungsreise erschien.

Es ist eigenartig, sich mitten in einem Wirbel zu befinden. Jenseits davon beobachten wir und urteilen. Manchmal sehen oder spüren wir ihn nicht einmal. Aber je näher wir ihm kommen, desto stärker zieht er uns an. Er übt eine immer größere Wirkung auf uns aus. Dann werden wir vollends eingesogen: Das Erlebnis hält uns in Bann, entfesselt eine wahre Flut von widersprüchlichen Gefühlen, bis wir im innersten Zentrum ankommen und reinen, vollkommenen Frieden finden – obwohl wir doch irgendwie merken, daß wir in einem Wirbel gefangen sind. Wir wissen, daß wir eine besondere Erfahrung machen, daß wir etwas lernen. Und plötzlich ist es Zeit, aufzubrechen. Unsere Energie läßt nach. Wir werden hinausgedrängt, ja weggedrückt, müssen aber trotzdem den Bereich der ungestümen Zentrifugalkraft durchqueren. Bisweilen spuckt sie uns förmlich aus, dann wieder befreien wir uns selbst. Jedenfalls handelt es sich immer um ein nach außen gerichtetes, fast magnetisches Drücken und Ziehen – um »Wirbelenergie«. Diese steuert bekanntlich alle Vorgänge in der Welt, wie uns Dorothy in *The Wizard of Oz* (Der Zauberer von Oz) vor langer Zeit schon gezeigt hat.

Solche Wirbel richten nicht nur Schaden an – unterscheiden sich also grundsätzlich von Tornados. Und sie ziehen uns nicht nur nach unten wie Strudel im Meer. Sie heilen auch, geben Auftrieb, unterweisen, reinigen, erleuchten und verändern. Sie schenken neue Kräfte und »neutralisieren« alte. Nach einem derartigen Abenteuer sind wir nie mehr dieselben.

So erging es mir auf dieser Reise. Jeder Ort, an den ich »verschlagen« wurde – von den Museen in Paris über die Kasbah in Rabat zu den von islamischen Terroristen heimgesuchten Hügeln um Algier –, hielt eine wichtige Lektion bereit. Jede Erfahrung brachte mich dem näher, was mir fehlte und was ich um so leidenschaftlicher suchte: Indem ich um zwei Uhr morgens mit heruntergerutschten Strümpfen durch den überfüllten Kairoer Suk stolperte oder auf einem Esel durch Giseh trottete oder auf einem Pferd durch die Wüste galoppierte, um im Innern einer Pyramide zu meditieren.

Genauso wie die Elefanten tiefe Trompetentöne ausstoßen, um einander die Geheimnisse des Lebens mitzuteilen, so wurde ich von den Menschen, die ich traf und die mir etwas beibringen sollten, gerufen: von Fateh und Nazil in Algier, von den in einem Zimmer »zusammengepferchten« Kairoer Frauen und von meinem neuen Freund Essam.

Aber jetzt spie mich der Wirbel aus. Es war an der Zeit zu gehen.

Auf der Fahrt zum Flughafen sagte mir eine sanfte innere Stimme mehrmals: *Es ist noch nicht vorbei.* Ich schenkte ihr keine Beachtung. Ich wollte weg, ich wollte nach Hause.

Ich erreichte den Eingang zum Terminal. Bereits hier wurde die erste Sicherheitskontrolle durchgeführt. Dann stellte ich meine Koffer auf das Förderband und betrat das Gebäude. Dort nahmen drei junge Männer sie übereifrig in Empfang. Ich dankte ihnen. Jeder hielt die Hand auf und wartete auf ein Trinkgeld. Ich legte jeweils ein paar ägyptische Pfund hinein, lud mein Gepäck auf einen Wagen und schob ihn durch die Abflughalle. In diesem Augenblick eilte ein vierter Mann auf mich zu.

»Ich auch«, sagte er und grapschte nach dem Geld in meiner Tasche.

»Hören Sie auf! Das ist ja widerlich«, rief ich mit gedämpfter Stimme, wie man es eben in der Öffentlichkeit tut, wenn niemand anders etwas davon mitbekommen soll. »Sie haben mein Gepäck noch nicht einmal berührt. Lassen Sie mich in Ruhe!«

Als ich kurz darauf vor der nächsten Sicherheitskontrolle stand, atmete ich tief durch. Eigentlich hatte ich erst nach Griechenland und von dort dann zurück in die Vereinigten Staaten fliegen wollen. Aufgrund meiner geänderten Reisepläne führte die Route nun über Tel Aviv. Bis zum Abflug war noch eine halbe Stunde Zeit. Die Schlange vor mir bewegte sich schnell vorwärts. Ich entspannte mich. Alles schien gut auszugehen.

Plötzlich tauchten ein Mann und eine Frau mit langem dunklem Haar und durchdringendem Blick, etwa Ende Zwanzig, neben mir auf. Beide trugen Uniform.

»Kommen Sie bitte mit uns«, sagte die Frau.

Sie führten mich in einen Bereich, wo man dem lautstarken Treiben entzogen war, und stellten meine Koffer auf einen Tisch. Der Mann trat ein paar Schritte zurück; nur die Frau richtete das Wort an mich.

Das Gespräch begann schleppend, wurde dann aber zunehmend ernster. »Warum fliegen Sie nach Tel Aviv? Wußten Sie, daß die Maschine Verspätung hat? Warum haben Sie Ihre Pläne geändert?«

Sie sah aus wie eine junge Frau, die an der Rezeption arbeitet oder übers Universitätsgelände schlendert.

Aber ihr Benehmen war total anders. Sie schaute durch mich hindurch in einen Raum, der nur für sie existierte. Eine Frage folgte auf die andere. Mit ihrem leeren Blick und ihrer gefühllosen Art – sowohl bei den Fragen als auch gegenüber den Antworten – schien sie eine antrainierte Grausamkeit kaschieren zu wollen.

Jede meiner Bemerkungen quittierte sie mit einem kurzen »Ah ja.« Ihre Worte hatten eine Wirkung, die andere nur mit Messer oder Waffe erzielen. Sie ist gut, dachte ich. Wirklich gut. Ich hätte einiges von ihr darüber lernen können, wie man aus einem Menschen die Wahrheit herauspreßt – zumal wenn man wie ich jahrelang mit einem Alkoholiker verheiratet war. Der andere Beamte sprach nicht mit mir, aber manchmal drehte sie sich zu ihm um, und dann besprachen sie etwas auf arabisch, so daß ich nichts verstand. Einmal versuchte ich dem Dialog eine andere Wendung zu geben.

»Es ist angenehm, sich mit jemandem zu unterhalten, der fließend Englisch spricht«, sagte ich. »Sie sind mit unserer Sprache gut vertraut. Haben Sie in Amerika gelebt?« Ohne jede Regung und ohne weitere Erklärung erwiderte sie schnell, daß sie einige Zeit in Kanada verbracht habe, und setzte dann das Verhör fort.

»Aus Ihren Tickets geht hervor, daß Sie sie kurz vor der Abreise von den Vereinigten Staaten gekauft haben. Warum haben Sie sich so kurzfristig zu einer so weiten Reise entschlossen? Warum wollten Sie all die

Orte allein bereisen? Was haben Sie in diesen Ländern gemacht?«

Ich wußte selbst nicht so genau, weshalb mich der Mahlstrom durch dieses »unterirdische« Land gewirbelt hatte. Außerdem begriff ich nicht, was mir in diesem Augenblick widerfuhr. Aber ich gab mir größte Mühe, jene geheimnisvoll ineinander verflochtenen Fäden vor den Augen dieser Frau zu entwirren.

2. *KAPITEL*

Halbmond mit Stern

Ich öffnete die Vorhänge in meinem Hotelzimmer und blickte durch das Fenster auf die seltsame Mischung von rußbedeckten modernen Hochhäusern und alten arabischen Geschäften, die das Stadtbild Casablancas prägt. Der Lärm aus Radios, hupenden Autos und Schiffssirenen erzeugte eine irritierende kakophonische Symphonie. Verschleierte Frauen und dunkeläugige Männer bevölkerten die schmalen Bürgersteige, eilten in alle möglichen Richtungen.

Es war der Beginn meiner Reise. Ich befand mich im Herzen der Stadt, mit Aussicht auf den Hafen an der Küste des Atlantischen Ozeans. Casablanca ist die größte Hafenstadt Marokkos, das Handelszentrum des Landes und die viertgrößte Metropole der arabischen Welt. Voller romantischer Vorstellungen hatte ich mir die exotische Schönheit ausgemalt, die mir hier begegnen würde. In meinem Innern waren Bilder wie aus Reisebüchern aufgetaucht: Steinhäuser mit Töpferwaren, Zierat und leuchtende Farben, wie sie für diesen Teil der Welt so typisch sind.

Casablanca besaß all die Farbtöne, die ich erwartet hatte. Mein Hotelzimmer zum Beispiel war dekoriert mit einer betörenden Kombination aus Orange, Rot, Gold, Blau und Grün. Die Stadt selbst aber war ganz anders als in meinen Phantasien. Fast überall – sogar in diesem Viersternehotel – herrschte eine Armut, die an Verzweiflung grenzte. Die Schwingungen, die ich empfing, waren so fremd, so bizarr, so bedrückend, daß sich meine Seele und mein Körper kaum darauf einstellen konnten.

Zwei Tage zuvor war ich, aus Paris kommend, abends hier eingetroffen. Casablanca lag schon im Dunkel. Auf dem Weg vom Flughafen in die Stadt fiel mir auf, daß die Autofahrer auch im Dunkeln nur dann kurz ihre Scheinwerfer einschalteten, wenn ihnen ein anderer Wagen entgegenkam. Dadurch schonten sie die Batterie.

Paris war genau so, wie ich es mir immer schon vorgestellt hatte – nach all den Geschichten, die ich über meine französischen Vorfahren gehört hatte, meinem jahrelangen Französischunterricht an der High School und den Ansichten vom Eiffelturm aus Magazinen und Filmen.

Für meinen Aufenthalt hatte ich mir ein, wie ich glaubte, gutes Hotel ausgesucht. Aber als der Hoteldirektor die Tür zu meinem Zimmer öffnete, war ich regelrecht überwältigt, so ehrwürdig, schön, elegant und geschmackvoll erschien es mir. Eben ganz und gar »französisch«. Es glich einem Palast, angefüllt mit Louis-quinze-Mobiliar. Über dem Bett hing ein stattliches Ölgemälde mit goldenem Rahmen. Alle

Möbelstücke waren in Gold gefaßt. Wie angewurzelt stand ich da, die Augen weit aufgerissen, sprachlos.

»C'est bien?« fragte der Hoteldirektor.

Ich verstand nicht im geringsten, was er damit sagen wollte. Ich versuchte, irgendeine Erinnerung an den Französischunterricht vor dreißig Jahren zu aktivieren, aber es gelang mir nicht.

Den ersten Tag in Paris verbrachte ich zum größten Teil in meinem Zimmer, um mich von der langen Reise aus den Vereinigten Staaten zu erholen, mich an die Zeitumstellung zu gewöhnen und den Luxus ringsum mit fast ehrfürchtigem Staunen zu betrachten. Dann blätterte ich in Magazinen und suchte mir die Sehenswürdigkeiten heraus. Ich wollte schon am nächsten Tag weiterfliegen, aber vorher unbedingt etwas vom Zauber dieser Stadt in mich aufnehmen.

Ehe ich Richtung Flughafen aufbrach, um die Maschine nach Casablanca zu besteigen, fegte ich wie ein Wirbelwind durch Paris. Ich setzte mich auf eine Steinbank, genoß den herrlichen Ausblick und erspähte im winterlichen Nebel den Eiffelturm. Ich schlenderte durch das Musée de l'Homme mit seinen besonderen Exponaten zur Menschheitsentwicklung. Dieses Museum ist nach den Ländern des afrikanischen Kontinents unterteilt, den viele Anthropologen als die Wiege des Menschen ansehen. Bei jedem Land werden die immer gleichen Themen und Probleme anschaulich dargestellt, die seit Urzeiten die Völker beschäftigen: Geburt, Gesundheit, Ehe, Familie, Religion, Weissagung, Tod. Anschließend eilte ich noch durch den Louvre, betrachtete kurz einige Kunstwerke, die zu den beeindruckendsten der Welt zählen, während der Wirbel mich schon tiefer hinabzog und dem eigentlichen Ziel der Reise näherbrachte.

Ich hatte mich für Paris entschieden, weil die Reise mit ein wenig Flair und Komfort beginnen sollte; der Aufenthalt in Nordafrika würde bestimmt anstrengend und ungemütlich sein. Als ich nun am Fenster meines Hotelzimmers in Casablanca stand, fühlte ich mich in meiner Vermutung bestätigt. Aber im Grunde suchte ich ja auch nicht Komfort, sondern etwas ganz anderes.

Ich wollte in Casablanca ein paar Tage verbringen, mein Gepäck im Hotel deponieren, tags darauf mit einem Rucksack nach Algerien fliegen und dort maximal eine Woche bleiben – das hing von den da herrschenden Zuständen ab. Anschließend wollte ich nach Casablanca zurückkehren, meine Sachen abholen und nach Kairo weiterreisen. Von Ägypten aus bot sich noch ein Abstecher nach Griechenland an. Abgesehen von dieser letzten Etappe, hatte ich in jeder Stadt zumindest für die erste Nacht ein Hotelzimmer reserviert. Ich wollte flexibel sein und mich sowohl von der Atmosphäre des jeweiligen Landes als auch von den Begebenheiten vor Ort leiten lassen.

Ich schloß die Vorhänge und fuhr im Aufzug nach unten in die Hotelhalle. Vor der Bar des Restaurants stand ein Mann, der wie Humphrey Bogart aussah. Er lächelte und nickte, um mich willkommen zu heißen, wobei sich sein Kopf wie der einer menschlichen

Puppe hin und her bewegte. Ich ging hinein, setzte mich an die Bar und bestellte einen Kaffee mit Milch.

Ich schaute mich um. Außer mir waren nur eine Frau und der Barkeeper anwesend. Dieser trug einen marineblauen, taillierten Anzug, der einer militärischen Uniform ähnelte. Die elegante Frau mit kurzem schwarzem Haar und in Schuhen mit Plateausohle hatte sich auf einer Sitzgruppe links von mir niedergelassen. Sie schien Ende Zwanzig zu sein, Italienerin vielleicht. Sie heftete den Blick immer wieder auf den Eingang. Offenbar erwartete sie jemanden.

Als der Barkeeper den Kaffee servierte, blickte ich auf die Milch und zögerte einen Moment. Ich wollte auf dieser Reise genau darauf achten, welche Speisen und Getränke ich zu mir nahm. Auch zu Hause nahm ich es mit dem Essen sehr genau. Aber das Wasser für den Kaffee war ja abgekocht. Also hatte ich wohl nichts zu befürchten. Ich goß die warme Milch in die Espressotasse.

»Es ist ruhig hier«, sagte ich zu dem Barkeeper.

»Es ist Ramadan«, erwiderte er.

Obwohl ich vom Ramadan gehört hatte, war mir nicht bewußt gewesen, daß er genau in die Zeit meiner Reise fiel. Ramadan ist der islamische Fastenmonat, in dem man sich darauf besinnt, daß Allah die Offenbarungen des Korans an Mohammed übermittelte, den Propheten und Stifter des Islams. In dieser Zeit darf der Muslim von Sonnenauf- bis Sonnenuntergang nicht essen, trinken und rauchen; auch jegliche sexuelle Betätigung ist untersagt. Der Ramadan endet mit dem Neumond. Für die Gläubigen bedeutet er weniger eine Entbehrung als ein Zeichen von Gottesfurcht.

»Woher kommen Sie?« fragte der Barkeeper.

Es schmeichelte mir, daß er meine Herkunft nicht erriet, und ich antwortete, daß ich Amerikanerin sei. Ich hatte mich den Verhältnissen anpassen wollen, um nicht als amerikanische Touristin aufzufallen, die unbeholfen durchs nördliche Afrika tappt. Deshalb hatte Angelo, mein Friseur, mit dem mich eine Freundschaft verband, die Haare auf eine Länge von etwa vier Zentimetern geschnitten und pechschwarz gefärbt. Außerdem hatte ich für die Reise dunkle, einfache Kleidung gewählt.

»Geschäftlich oder privat?« fragte der Barkeeper weiter.

»Geschäftlich«, antwortete ich. »Ich bin Schriftstellerin.«

»Und was führt Sie gerade hierher?«

»Eine Geschichte. Aber sie hat im Grunde nichts mit Casablanca zu tun. In Marokko bin ich nur, um mich zu orientieren und einen Platz für mein Gepäck zu finden. Morgen fliege ich nach Algier weiter.«

Falsche Antwort, dachte ich, als ich seine finstere Miene sah. Ich kannte diese Reaktion schon. Sie stellte sich immer dann ein, wenn ich jemandem erzählte, daß ich nach Algier reisen wolle. Selbst mein Freund Maurice, ein Franzose marokkanischer Herkunft, der in den Vereinigten Staaten lebt, hatte das Gesicht verzogen, als ich ihm zu Weihnachten in Los Angeles das Ziel meiner Reise nannte. Aber diese Mißbilligung machte mir inzwischen nichts mehr aus. Sie hatte mich nicht von meinem Vorhaben abbringen können, und auch jetzt würde ich nicht klein beigeben. Ich holte ein paar *Dirhams* – die marokkanische Währungseinheit – hervor, um den Kaffee zu bezahlen, ging nach draußen und rief ein Taxi.

»Fahren Sie mich bitte in den Suk«, sagte ich zum Fahrer.

»In den *Suk*?« fragte er und schaute mich an, als ob ich verrückt wäre.

»Ja. In den Suk«, erwiderte ich.

Schon vor Beginn der Reise hatte ich vom Suk gehört. Das ist ein riesiger Basar, eine Stadt im Herzen der Stadt, ein altes arabisches Viertel, versteckt zwischen urbanen Hochhäusern. Ich hatte gehört, daß manche Menschen ihr ganzes Leben im Suk verbringen. Dort kommen sie zur Welt, und dort sterben sie auch, ohne diesen Ort je verlassen zu haben. Ein Reiseveranstalter meinte, daß manchmal Leute in den Suk gehen und dann nie wieder gesehen werden. Außerdem waren mir die Geschichten über den herrlichen Gewürzmarkt unter freiem Himmel, über die kleinen Geschäfte mit Kleidung, mit Nahrungsmitteln und mit Silberwaren bekannt. Ich wollte mir jetzt selbst ein Bild davon machen.

Der Fahrer parkte an einer Kreuzung, wo die Straße einspurig wurde.

»Wir sind da«, sagte er.

»Warten Sie auf mich«, befahl ich. »Ich bin in einer Stunde zurück.«

Er lächelte so, als ob er etwas wüßte, wovon ich keine Ahnung hatte.

Ich blieb nur fünf Minuten. Schon nach zwei Häuserreihen verfolgten mich drei junge Männer, die mir immer näher auf den Leib rückten. Ich überquerte hastig die Straße und lief zum Taxi zurück, indem ich mir durch die wogende Menge, an Radfahrern und alten Holzkarren vorbei, einen Weg bahnte.

»Ich hab' genug«, sagte ich. »Bringen Sie mich bitte wieder ins Hotel.«

In meinem Zimmer angekommen, ordnete ich mein Gepäck neu und bereitete mich auf den Flug nach Algier am nächsten Tag vor. Ich bin viel gereist, sowohl in den Vereinigten Staaten als auch in anderen Teilen der Welt. Manchmal geschah es zum Vergnügen, meistens aber beruflich. 1989, als sich die Lage in Mittelamerika zuspitzte, brach ich mit einigen anderen Medienvertretern aus Minnesota nach Honduras auf. Als Journalistin berichtete ich von dort für die Tageszeitung meiner Heimatstadt. In einem Bomber der Air Force flogen wir zuerst nach Panama und dann weiter nach Honduras. Ein Fünf-Sterne-General hatte uns mitgenommen. Das Hotel, in dem wir wohnten, wurde strengstens bewacht. Anschließend brachte uns ein Hubschrauber ins Landesinnere von Honduras.

Ich bin es also gewohnt, in die Fremde zu gehen und für eine Story zu recherchieren.

Diesmal aber war ich ganz allein unterwegs.

Ich brachte mein Gepäck in die Hotelhalle und bat den Mann an der Rezeption, es für einige Tage wegzuschließen. Ich dankte ihm, tat den Aufbewahrungsschein in meine Handtasche und kehrte ins Zimmer zurück. Es sah nicht so aus, als würde hier noch viel passieren. Diese Stadt erschien mir eher abweisend. Wahrscheinlich hatte ich auch nichts anderes erwartet. Ich wollte ja nur einen sicheren Ort für meine Koffer haben, um dann beruhigt in das nicht so sichere Nachbarland Algerien reisen zu können.

Als die Sonne unterging, erhob sich von den überall in der Stadt verteilten Minaretten der Gesang der Abendgebete und erfüllte die Luft wie ein Weihrauch aus Wörtern. Blitze leuchteten auf, der Donner grollte, und das Geräusch der heulenden Winde vermischte sich mit den Gebeten und Liedern. Sie wehten so heftig, daß die Fenster erzitterten und klapperten.

Ich erinnerte mich daran, wie sich zum ersten Mal jene Wirbelwinde erhoben hatten, die mich später hierher wehen sollten. Es war die Nacht nach dem Erntedankfest. Wie seltsam diese Winde doch sind, die Santa Anas – heftig, doch zugleich warm. Sie unterscheiden sich von allen anderen Winden, die ich je gespürt habe.

Am nächsten Morgen stellte ich fest, daß die Santa Anas meinen Mülleimer weggefegt hatten. Während ich auf der Straße hinter meinem Haus stand und nach ihm spähte, fuhr meine Tochter Nichole mit ihrem Freund Will in die Einfahrt.

Will ist mir sympathisch. Er arbeitet als Schauspieler in Los Angeles. Obwohl er noch jung ist, hat er bereits berufliche Erfolge vorzuweisen. Er hat die richtige Einstellung und ein gutes Herz. Ich mochte ihn von dem Augenblick an, da Nichole ihn zum ersten Mal mit nach Hause brachte und mir vorstellte.

Als die beiden an diesem Tag aus dem Wagen stiegen, waren sie ganz aufgeregt. Sie hatten mir etwas Wichtiges mitzuteilen.

»Wir haben gestern abend etwas Tolles erlebt«, sagte meine Tochter. »Wir wollten nach Venice fahren, um mit den Freunden eines Freundes zu Abend zu essen. Aber es geschah noch etwas anderes. Meister Huang war da. Er ist ein heiliger Mann aus Taiwan, der nur ein oder zwei Mal pro Jahr in die Vereinigten Staaten kommt. Er zog Will und mich beiseite, unterhielt sich mit uns eine Weile und fragte, ob wir unser Tao empfangen möchten. Wir sagten ja. Also nahmen wir an dieser wunderbaren Zeremonie teil und empfingen unser Tao. Außerdem besitzen wir nun die Drei Schätze, die drei Geheimnisse des Lebens. Doch darüber darf ich dir nichts erzählen. Wir haben es versprochen.«

Nichole versuchte, mir diese rätselhafte Zeremonie und deren Bedeutung näher zu erklären, aber ihre Ausführungen blieben vage und unverständlich.

»Wenn du dein Tao empfängst, ist dein Karma im Grunde beendet«, sagte sie. »Dann wirst du nie mehr wiedergeboren.«

Mir war schon immer schleierhaft, was es mit dem Karma auf sich hat. Ich weiß nicht – das heißt, ich besitze keine nachprüfbaren Informationen darüber –, ob es so etwas wie Wiedergeburt gibt. Manchmal denke ich: Wenn wir uns derart um das Recycling von Blechdosen bemühen, hat Gott wohl auch die Absicht, Seelen zu »recyceln«. Welchen tieferen Sinn das Karma auch haben mag – ich empfand es stets als eine Belastung. Und zweifellos wünschte ich, mein Karma beenden zu können.

Noch einmal hielt ich Ausschau nach dem Mülleimer, so als ob er durch mein angestrengtes Schauen wieder auftauchen würde. Dann kümmerte ich mich nicht weiter darum und ging die Stufen zum Haus hinunter.

»Verrate mir doch die Geheimnisse«, bat ich Nichole.

Sie schüttelte den Kopf.

»Ich bin doch deine Mutter«, insistierte ich.

Sie sträubte sich.

»Sind sie wie ...«

»Laß es gut sein, Mama«, sagte sie. »Ich verrate sie nicht.«

Dann dachte ich eine ganze Zeitlang nicht mehr an den Wirbelwind, die Drei Schätze, Meister Huang, Karma – und auch nicht an meinen Mülleimer.

Als das Ende des Jahres näherrückte, war ich mit den Vorbereitungen für das Weihnachtsfest und für meine Reise beschäftigt. Aber ich empfand nicht jene freudige Erregung, die einer Ferienreise normalerweise vorangeht. Ich wußte, daß die Reise anstrengend sein würde. Ich hatte vor, Material für mein neues Buch zu sammeln, doch von Anfang an war mir klar, daß es hier nicht nur um Recherchen für ein neues Projekt ging. Diese Reise stellte einen wichtigen Abschnitt in meinem Leben dar; ich mußte *sie unternehmen.*

Als ich am Abend des ersten Weihnachtstages den Halbmond mit Stern am Himmel sah, erschien mir das als eindeutiges Zeichen zum Aufbruch. Die Zeitungen, das Radio und alle Gäste, die zu Weihnachten in unser Haus kamen – sie hatten nur ein Thema, nämlich diese besondere Konstellation am Himmel. Die Medien bezeichneten sie als phänomenales Ereignis: »Venus küßt den Mond.« Das sagte mir nicht viel; aber ich war mir sehr wohl meiner Ergriffenheit bewußt, als ich draußen stand und aufblickte zu jener wunderbaren Mondsichel mit dem glühenden Stern an ihrer Spitze.

Heiligabend hatte ich Nichole die Weihnachtsgeschichte erzählt. Zuvor waren wir ins Zentrum von Santa Monica gefahren, um in letzter Minute ein paar Einkäufe zu tätigen. Sie wollte für Will ein Buch kaufen und noch das eine oder andere kleine Geschenk besorgen. Wir waren beide ein wenig betrübt.

Seit dem Tod meines Sohnes Shane waren die Weihnachtsfeiertage schwierig für uns. Das diesjährige Fest bildete keine Ausnahme. Während das Radio Weihnachtslieder plärrte, pochte in jedem von uns ein dumpfer Schmerz. Es war die fünfte Weihnacht, die wir ohne Shane verbrachten. Dieser Kummer zu den Festtagen überraschte uns nicht mehr, und trotzdem hatten wir uns noch nicht daran gewöhnt. Ich wollte Nichole aufheitern; ich wünschte mir, daß wir beide selbst im Schmerz irgendeinen Sinn sähen.

Also fing ich einfach an zu reden, derweil wir den Pacific Coast Highway hinunterfuhren.

»Weißt du, fast jeder spricht über die Weihnachtsgeschichte, darüber, wie eng es war im Stall und was an jenem Tag alles geschah«, sagte ich. »Aber auch einige andere wundersame Begebenheiten waren von Bedeutung. Erinnerst du dich daran, daß drei Weise aus dem Morgenland, die Heiligen Drei Könige, zum Himmel emporblickten und einen Stern sahen? Sie hatten genügend Vertrauen zu sich selbst und zu ihrer inneren Stimme, genügend Glauben an Gott und an das All, um sich auf eine Reise zu begeben und an etwas teilzuhaben, das sie weder sehen noch berühren noch verstehen konnten – und über das es keinerlei Informationen gab. Sie hatten nur ein Gefühl, eine Ahnung. Sie spürten, wie tief sie mit dem universellen Prozeß verbunden waren. Sie erkannten, daß der Stern etwas Wichtiges zu bedeuten hatte. Sie wußten um die enge Beziehung zwischen Gott und Welt – und all dem, was sie umgab. Und so brachen sie auf in Richtung Bethlehem, gingen quer durch die Wüste und waren Monate, vielleicht sogar Jahre unterwegs.

Ja, der Tag, an dem Jesus geboren wurde, ist wesentlich – genauso wie die Botschaft, einen festen Glauben zu haben und die Beziehung zum Weltall, zu den Zeichen, die es uns übermittelt, zu achten. Es ist die Geschichte von den drei Weisen, von ihrem seelischen Zustand und von der Mühe, die sie auf sich nahmen, um diese Reise zu bewältigen. Auch daran erinnert uns das Weihnachtsfest«, schloß ich mit leiser Stimme.

Viele subtile Hinweise und Ereignisse hatten die Reise »vorbereitet« und mich dazu bewegt, sie tatsächlich auch zu unternehmen. Jahrelang war ich mir – aufgrund der uns leitenden Intuition – ganz sicher, daß ich nach Afrika fahren würde; nur Zeitpunkt und Ort standen noch nicht genau fest. Aber immer deutlicher wurde mir dann bewußt, wann die Reise erfolgen und wohin sie mich führen sollte.

Letztes Jahr hatte ich, um Material für ein Meditationsbuch* zusammenzutragen, meinen Computer in den Jeep geladen und eine mehrmonatige Rundreise durch die Vereinigten Staaten unternommen. Sie war sowohl eine Recherche als auch eine Prüfung, die zeigen sollte, ob das Universum mich gleichsam zum Tanz auffordern und mir jene Geschichte erzählen würde, die ich zu begreifen und niederzuschreiben versuchte.

All das geschah dann auch. Und so erwarb ich mir auf der Amerika-Reise das nötige Rüstzeug für die Reise durchs nördliche Afrika.

Nun war ich hier – als Journalistin, als Geschichtenerzählerin und als Lernende. Ich war im Begriff, meine Fähigkeiten in einer mir fremden Welt zu erproben.

Rückblickend habe ich das Gefühl, daß mein ganzes

---

* *Journey to the Heart. Daily Meditations on the Path to Freeing Your Soul,* USA 1996. Die deutsche Ausgabe erschien im selben Jahr unter dem Titel *Kraft zur Selbstfindung. Tägliche Meditationen für den Weg zu sich selbst* im Wilhelm Heyne Verlag München.

Leben – oder zumindest die letzten zehn Jahre – zu dieser Reise führen mußte. Es war, als ob ich das fehlende Stück eines Puzzles gesucht hätte – und zwar schon seit der Arbeit an *Die Sucht, gebraucht zu werden*. Egal, was ich tat, ich konnte es einfach nicht finden. Aber mir schien, daß ich auf dieser Reise dem fehlenden Stück näherkommen würde.

Ich war mir dessen sogar völlig sicher, als dann am Silvesterabend erneut die Winde jenes alten Wirbels wehten.

An diesem Abend ging ich auf ein Fest. Ich hatte keine große Lust auf Gesellschaft, und deshalb hielt ich es dort auch nicht lange aus. Inzwischen bliesen die Winde so heftig, daß ich mich auf dem Weg zum Auto kaum aufrecht halten konnte.

Ich fuhr nach Hause und schrieb all meine Ressentiments, Ängste, Lügen und toten Träume auf eine Liste. Dann warf ich die Seiten in den Kamin und zündete sie an. Ich saß mit gekreuzten Beinen auf dem Boden und schaute zu, wie meine Liste zu Asche wurde.

Augenblicke später erloschen im Haus alle Lichter. Dann tobte der Sturm so sehr, daß die Fenster, ja sogar die Mauern erzitterten und mein Papagei Max von der Stange fiel. Ich öffnete die Käfigtür und ließ ihn auf meine Schulter hüpfen. Ich fand eine Taschenlampe, schaltete sie ein und stellte sie auf den Tisch. Wir – mein Papagei und ich – saßen einfach nur da, mitten im Raum auf dem Fußboden, und lauschten dem Wind, der am Haus rüttelte.

Als ich am nächsten Morgen nach draußen ging, war

mein Mülleimer wieder verschwunden. Der Sturm hatte ihn abermals weggefegt.

Eine Sache beschäftigte mich weiterhin, ohne daß ich sie wirklich begriff: An jenem 25. November 1995, als sich die Winde schon einmal erhoben hatten, war im Hinterzimmer eines kleinen Hauses in Venice, Kalifornien, eine Gruppe von Menschen versammelt. Dieses Haus ist nur wenige Blocks vom ungestümen Pazifik und von Venices berühmter Uferpromenade entfernt. Während die Rollschuhläufer vor den Verkaufsständen ihre Runden drehten und geflissentlich den Blicken der verwirrten Bettler auswichen, verlieh Meister Huang feierlich das Tao an zwölf Personen, die im Hinterzimmer des Hauses auf Klappstühlen saßen.

Erst wurden die Männer, dann die Frauen mit Namen aufgerufen und gebeten, vorzutreten. Jede Person kniete sich an jener Stelle nieder, die Meister Huangs chinesische Assistentin bezeichnet hatte. Vom Altar strömte das Licht vieler Kerzen. Ein Mädchen von etwa neunzehn Jahren schloß sich der hinteren Reihe der Frauen an, die vor dem Altar knieten. Die Chinesin bedeutete dem Mädchen, nach vorne zu kommen und den bevorzugten Platz vor dem Räuchergefäß einzunehmen. Das Mädchen hielt die Räucherkerzen und legte sie, wie es ihr aufgetragen worden war, zur gegebenen Zeit in das Gefäß.

Meister Huang rezitierte einige liturgische Texte auf chinesisch. Stockend wiederholten die Teilnehmer diese heiligen chinesischen Sprüche. Daraufhin wurde ihnen von Meister Huang verkündet, daß ihre Namen jetzt im Buch des Lebens verzeichnet seien und daß sie soeben ihr Tao empfangen hät-

ten. Er sagte weiter, daß das Licht in ihrem Innern genauso hell leuchte wie das der Kerzen auf dem Altar. Jene, die im Besitz des Tao waren, darunter das neunzehnjährige Mädchen, kehrten zu ihren Stühlen zurück.

Etwas später übermittelte Meister Huang bedächtig – um trotz chinesischem Akzent auch wirklich verstanden zu werden – jedem Teilnehmer und jeder Teilnehmerin die Drei Schätze. Diese brachte er mit biblischen Texten in Verbindung. Schließlich legte jeder das Gelübde ab, in bezug auf die Drei Schätze Stillschweigen zu bewahren.

Bevor die Zeremonie ausklang, erklärte Meister Huang jedem Teilnehmer, daß er beziehungsweise sie nun über die Schlüssel zum Königreich des Himmels verfüge – sowohl im Diesseits als auch im Jenseits. Das persönliche Karma sei beendet. Das Rad der Wiedergeburten würde sich nicht mehr weiterdrehen. Sie alle hätten jenen Zustand erlangt, den die Alten »Erleuchtung« nannten.

Es sei dies ein Zeichen der Zeiten, ein Geschenk der Zeiten.

Als ich nun auf dem Bett meines Hotelzimmers in Casablanca lag und den Gebeten zum Ramadan lauschte, die sich in den heulenden Wind mischten, wurde mir klar, daß ich für den Aufenthalt hier, im nördlichen Afrika, eine von geistiger Energie erfüllte Zeit gewählt hatte. Das war kein Zufall. Ich mußte nur herausfinden, aus welchem Grund ich mich hierher begeben hatte, und dann meiner Einsicht vertrauen.

Nachdem mein Freund Angelo mir die Haare geschnitten hatte, sprach er davon, daß diese Reise ein

»Abenteuer« sei. Aber es ging dabei um mehr als um eine tollkühne Unternehmung.

Manchmal fühlen wir uns dazu veranlaßt, Dinge zu tun, die nicht plausibel erscheinen. Auch dieser »Trip« gehörte dazu. Einige Leute hatten mir davon abgeraten und gesagt, sie könnten nicht verstehen, warum ich gerade diese Orte besuchen wolle. Es gab Phasen, da auch mir das Ganze absurd vorkam. Aber ich hatte meine Motive genau untersucht und mit einigen vertrauenswürdigen Menschen gesprochen, die mich in meiner Absicht bestärkten. Die Idee war entgegen allem Anschein überhaupt nicht verrückt. Ich war bereit, alles Erdenkliche zu tun und überallhin zu fahren, um die Geschichte zu finden – die Geschichte für dieses Buch und für mein Leben. Und ich wußte, daß sie sich im nördlichen Afrika abspielen würde.

Diese Reise war ein vom Glauben inspirierter Sprung ins Ungewisse.

»ES WAR EINE GESCHÄFTSREISE. Eine private Reise. Aber auch eine schicksalhafte Reise«, sagte ich zu der Frau im Flughafen von Kairo, die mich ausfragte. »Ich hatte alle möglichen Phantasien im Kopf. Ich träumte davon, ins tiefste Afrika zu fahren und auf Safari zu gehen. Ich dachte, dort vielleicht etwas von den Pygmäen zu erfahren – einige magische Geheimnisse des Lebens – oder in den Pyramiden eine große Offenbarung über das Geheimnis des Lebens nach dem Tod zu empfangen.«

»Und ist das geschehen?« fragte die Frau, während sie mit ihren Augen mein Inneres durchleuchtete.

»Ich erfuhr etwas über das Geheimnis des Lebens vor dem Tode«, antwortete ich.

3. KAPITEL

Schüsse

Genauso wie Leute davon berichten, vor Eintreffen eines Tornados ein Geräusch gehört zu haben wie das Rumpeln eines Güterzugs, hörte ich das Rauschen des Wirbels, der mich zu Hause in Südkalifornien ergriff und über den nördlichen Rand des afrikanischen Kontinents trieb, schon lange bevor der Wirbel selbst mich traf. Schon seit Jahren war mir klar, daß ich mich irgendwann nach Afrika wagen würde. Aber erst wenige Wochen vor der Abreise wußte ich, daß mein Ziel Algerien hieß.

»Fahr nach Frankreich. Nach Italien. Nach Griechenland. Aber fahr nicht nach Algerien«, hatte mich mein Freund Maurice am Weihnachtsabend gewarnt, als er von meinen Plänen hörte.

Seine Warnung kam nicht überraschend. Ich hatte die von der amerikanischen Regierung ausgegebenen Empfehlungen für Auslandsreisen genau studiert. Terroristische Aktivitäten nahmen überhand. Während der letzten Jahre war eine ganze Reihe von Amerikanern und Europäern entführt und umgebracht worden. Man riet davon ab, die notorischen Krisengebiete zu bereisen; wer es trotzdem tat, sollte sich einen bewaffneten Begleitschutz zulegen. Ich dagegen war eine alleinreisende Frau ohne Waffen und ohne Leibwächter. Dennoch zog es mich dorthin. Ich wußte, daß ich fahren mußte. Und ich wußte auch, daß mir nichts Schlimmes widerfahren würde. Das konnte ich Maurice nicht verständlich machen. Ja ich versuchte es nicht einmal.

»Ich meine es ernst, Melody«, hatte Maurice beteuert. »Es ist gefährlich. Du riskierst Kopf und Kragen. Die sind mitten in einem Bürgerkrieg.«

»Ist ja gut, Maurice. Mir passiert schon nichts«, hatte ich gesagt. »Ich habe die meiste Zeit mitten in einem Bürgerkrieg gelebt – indem ich gegen mich selbst kämpfte …«

In Casablanca verließ ich jetzt das Hotel, rief ein Taxi und fuhr zum Flughafen, um die Maschine nach Algier zu nehmen. Es war sechs Uhr morgens. Im verschmutzten Taxi hing ein übler Geruch. Der Bezug des Sitzpolsters war völlig zerrissen. Und der Fahrer sah aus, als hätte er die ganze Nacht in seinem Auto geschlafen.

»Casablanca wird dir nicht gefallen«, hatte Maurice gesagt. »Das ist eine schmutzige Hafenstadt.«

Damit hatte er den Nagel auf den Kopf getroffen. Als ich ins Flugzeug stieg, fragte ich mich für einen Augenblick, ob er auch in bezug auf Algerien recht behalten würde.

Einige Monate vor dieser Reise hatte ich einen alten chinesischen Heiler in Pasadena aufgesucht, einen sanften buddhistischen Mönch, der nur wenig sprach. Eine Zeitlang arbeitete er an meiner Energie, meinem *chi*. »Sie sind im Begriff, eine neue Stufe zu erreichen«, sagte er. »Das ist alles, was Sie im Moment wissen müssen. Versuchen Sie immer wieder, sich etwas Gutes zu tun. Empfinden Sie Ihren Schmerz und alle anderen Gefühle so bewußt wie möglich. Machen Sie Ihre täglichen Übungen. Und gehen Sie liebevoll mit sich selbst um.«

Videospiele auf dem Heimcomputer haben oft drei verschiedene Schwierigkeitsgrade: für Anfänger, für Fortgeschrittene und für Champions. Auf der nächsthöheren Stufe erwarten einen jeweils schwierigere Aufgaben. Das Spielfeld ist größer, die Aktionen laufen schneller ab und erfordern mehr Geschicklichkeit.

Beim Aikido und in anderen asiatischen Kampfsportarten gibt es unterschiedliche Grade der Vervollkommnung, die sogenannten *Dans*. Jedesmal, wenn der Schüler etwas dazugelernt hat, muß er eine Prüfung ablegen. Danach wird es für ihn aber nicht leichter. Er ist gezwungen, alle bisher erworbenen Fähigkeiten einzusetzen und sich weitere Fähigkeiten anzueignen. Die neue Entwicklungsstufe konfrontiert ihn mit noch größeren Problemen und Herausforderungen. Und ganz gleich, wie gut der Schüler seine Kunst beherrscht – er ist immer wieder ein Lernender, der von vorn beginnt.

Seine Fähigkeiten übt er im *dojo* ein – am *Ort der Erleuchtung*. Einige Leute meinen, das Leben selbst sei unser *dojo*.

Ich hatte schon mehrmals eine neue Stufe erreicht.

Vor fünfzehn Jahren lagen sechs Ehejahre mit einem Alkoholiker hinter mir. Während ich verzweifelt versuchte, alles richtig zu machen – und das hieß damals: alles und jeden zu kontrollieren außer mich selbst –, kam ich mir völlig abhanden. Ich löste mich gleichsam auf. In dem enervierenden Durcheinander, das dazu führte, daß ich Lügen glaubte und mir ständig etwas vormachte, schwanden meine geistigen und seelischen Kräfte dahin. Ich wurde zu einem rachsüchtigen Menschen, zu einem Opfer, zu einer passiven und zugleich gereizten Amöbe. Jahrelang verließ ich das Haus nur, um Einkäufe zu erledigen.

Dieser Zustand änderte sich – oder ließ zumindest Anzeichen der Besserung erkennen – in dem Augenblick, als ich aufhörte, auf jede Person in meiner Umgebung mit dem Finger zu zeigen und zu schreien: »Schau nur, was du mir antust« – als ich allmählich mich selbst unter die Lupe nahm.

Beim Aikido – dieser nicht aggressiven Kampfsportart, die ich Jahre später zu erlernen begann – sprach mein sensei *oder Lehrer über den »Goldball der Kraft«, den jeder im Solarplexus trägt und der mit seinen Strahlen einen großen leuchtenden Bogen um den Körper zeichnet. Obwohl ich damals noch nichts von jenem Goldball wußte, erspähte ich doch den ersten Schimmer seines Lichts.*

In den darauffolgenden fünf Jahren setzte ich mich mit

den Lektionen auf dieser neuen Stufe auseinander. Ich begriff, daß es mir möglich war, die Menschen nicht mehr zu kontrollieren und für mich selbst die Verantwortung zu übernehmen. Mir wurde klar, daß ich den anderen gestatten konnte, mit den unvermeidlichen und logischen Folgen ihrer Entscheidungen und ihres Schicksals allein fertig zu werden. Anstatt mir vor lauter Aufregung den Kopf vom Hals zu reißen und aufgrund von Zwangsvorstellungen zu implodieren, sah ich, daß es verschiedene Alternativen gab – loslassen, auf Abstand gehen, zur Ruhe kommen. Ich erkannte, daß kein Anlaß mehr bestand, sich den Kontrollmechanismen der anderen zu unterwerfen. Halleluja! Ich war frei. Gut, noch nicht ganz. Aber wenigstens führte ich jenem Goldball der Kraft tagtäglich etwas Licht zu.

Außerdem nahm ich das Wort »Nein« in mein Vokabular auf. Ich merkte, daß ich mich von den anderen weder anlügen noch mißhandeln noch manipulieren lassen mußte, ob ihnen ihre Beweggründe nun bewußt waren oder nicht. Ich fing an, meine Gefühle deutlich wahrzunehmen, selbst wenn das einigen mißfiel. Ich fand heraus, daß nichts und niemand mich zwingen konnte, Beziehungen aufrechtzuerhalten und Situationen zu ertragen, die mich so furchtbar unglücklich machten. Ich verstand schließlich, daß auch ich ein eigenes Leben hatte.

Im Laufe dieser fünf Jahre lernte ich langsam, es wirklich zu leben.

Vor zehn Jahren dann trat ich in das nächste Entwicklungsstadium ein. Ich trennte mich von meinem Mann, nahm meine beiden Kinder Shane und Nichole an der Hand und begann als alleinerziehende Mutter, meine familiären und persönlichen Angelegenheiten neu zu ordnen. Ich stürzte mich auf meine Arbeit und schrieb ein Buch über das, was ich im letzten Lebensabschnitt gelernt hatte: Die Sucht, gebraucht zu werden. *Das war's, dachte ich, wischte mir die Hände ab und reichte das Manuskript ein. Dieses Problem habe ich gelöst.*

Doch zu meiner Überraschung ergab sich mit dieser neuen Dimension des Lebens auch eine neue Dimension von Lektionen. Manchmal waren sie anregend, dann wieder schwierig oder auch verwirrend. Und eine – der plötzliche Tod meines Sohnes nach einem Skiunfall im Jahre 1991 – brach mir das Herz.

Ich stellte fest, daß das Leben vielschichtiger ist, als ich es mir je vorgestellt hatte. Darüber hinaus bemerkte ich, daß es tief in meinem Innern Stellen gab, die der Heilung, der Reinigung, der Erneuerung bedurften – und die mir bis dahin völlig unbekannt waren. Oft tauchten die Lektionen der früheren Stufen in unterschiedlicher Weise, bisweilen auch versteckt wieder auf. Wann immer das geschah, fragte ich mich, ob ich etwas verkehrt machte, und zweifelte an den Einsichten, die ich bis dahin für richtig gehalten hatte.

Ich besaß noch keine klare Vorstellung von meinen Entwicklungsstufen.

Inzwischen hatten sich die in meinem Leben wirksamen Kräfte abermals gewandelt. Ich sollte Monate brauchen, um die Worte des buddhistischen Mönchs in Pasadena tatsächlich zu verstehen und zu glauben. Ja, ich bewegte mich auf eine neue Stufe zu. Diese

Reise war eine Initiation, eine Prüfung. Sie würde die Lektionen der Vergangenheit in all ihren Ausprägungen noch einmal beleuchten und zugleich künftige Ereignisse andeuten. Auf dieser Stufe würden einige Lektionen ganz deutlich sein, viele andere jedoch eher subtil. Jede einzelne zu erkennen und zu lernen käme der Lösung eines Rätsels gleich.

Der Flug nach Algier dauerte nicht mehr als zwei Stunden. Als die Maschine zur Landung ansetzte auf dem Houari-Boumedienne-Flughafen, war ich beeindruckt von der betörenden natürlichen Schönheit dieser Hafenstadt. Algier (oder El Djazair) lag eingebettet in den Sahelbergen zwischen der Sahara und dem Mittelmeer. Das Meer erschien mir blauer als jedes Wasser, das ich bisher gesehen hatte. Die Dünung war ganz flach; nur wenige Wellen überzogen die glatte Oberfläche. Alte französische Wohnhäuser und andere Bauten von Europäern klebten hier und da am Hang. Die fruchtbare Landschaft wirkte wie ein Teppich aus grünem Samt.

Als wir landeten, war ich nervös, angespannt. Ich wußte nicht, was ich von einem durch Revolution und Terrorismus zerrissenen Land erwarten sollte. Auf das Schlimmste gefaßt, stieg ich aus der Maschine. Der Flughafen kam mir seltsam ruhig vor – aber nicht friedlich. Das spürte ich sofort.

Ich befand mich im Auge des Orkans, im Zentrum des Wirbels.

Ich rechnete damit, daß die Zollkontrolle mühsam,

ja qualvoll sein würde. Zu meiner Überraschung aber lächelten die Beamten – junge Männer zwischen zwanzig und dreißig – und hießen mich in ihrem Land willkommen. Sie waren freundlicher als alle Zöllner, mit denen ich bislang – gleichgültig wo auf der Welt – zu tun gehabt hatte.

Ich nahm meinen Rucksack, holte ein wenig Geld hervor und tauschte es um. Als ich auf den Ausgang des Flughafens zusteuerte, um ein Taxi zu rufen, fing einer der jungen Männer mich ab. Er führte mich in ein kleines Büro und überließ mich der Obhut einer jungen Frau mit schulterlangem, kastanienbraunem Haar.

Ich nannte ihr den Namen des Hotels, in dem ich wohnen wollte.

Sie rief dort an, um meine Reservierung zu überprüfen. Dann bat sie mich, in ihrem Büro auf die Ankunft des Hotelbusses zu warten. Eine halbe Stunde später begleitete sie mich nach draußen zum Parkplatz, wo der Bus stand. Abgesehen von einzelnen Gruppen patrouillierender Wachposten sah der Flughafen genauso aus wie jeder andere.

Als wir auf der Schnellstraße in Richtung Stadtmitte fuhren, blickte ich genauso neugierig wie ängstlich durchs Fenster. Die Straßen waren fast völlig leer. Jedesmal, wenn wir eine Straßensperre passierten, verkrampfte ich mich zusehends, eingedenk der Warnungen des State Department: »Ausländer sind besonders großen Gefahren ausgesetzt. Schwerbewaffneter Begleitschutz ist dringend anzuraten. Flug- und Seehäfen sind bevorzugte Ziele für terroristische Anschläge. Meiden Sie planmäßige Linienmaschinen. Die Terroristen führen einen Krieg gegen Ausländer. Tägliche Gewalttaten seit 1994. Bisher mehr als hundert Ausländer entführt und verschleppt. Ein ausreichender Schutz ist nicht möglich. Oft werden Straßensperren errichtet, auch von getarnten Terroristen, die so ihre Opfer in den Hinterhalt locken. Von Überlandfahrten sollte man unbedingt Abstand nehmen. Terroristen drohen damit, alle Ausländer umzubringen, die das Land nicht verlassen.«

Als ich zum ersten Mal beschloß, nach Algerien aufzubrechen, wußte ich gar nicht, wie schlimm die inneren Unruhen dort waren. Die Warnungen der US-Behörde hatten Wendy, eine meiner amerikanischen Arbeitskolleginnen, zutiefst beunruhigt. Auch mir machten sie Sorgen. Ich hatte schon überlegt, meine Pläne zu ändern. Aber als ich diese und die daraus resultierenden Probleme mit meiner Tochter Nichole besprach, dachte sie genauso wie ich: Alles würde gutgehen, wenn ich nur meinen Instinkten vertraute.

Ich hatte keinerlei Schwierigkeiten, von der algerischen Botschaft in Washington ein Visum zu erhalten. Die Beamten dort schienen darüber erfreut zu sein, daß ich ihr Land besuchen wollte. Und sie waren nicht annähernd so besorgt wie das State Department.

Als ich nachfragte, ob es stimme, daß das Reisen in Algerien extrem gefährlich sei und daß man eine Reihe von Ausländern umgebracht habe, erwiderte die männliche Stimme am Telefon der algerischen Botschaft: »Oh, es ist nicht so gefährlich. Klar, es werden Leute umgebracht, aber das geschieht überall auf der Welt. Es ist alles nicht so schlimm.«

Als wir beim Hotel ankamen, stoppten uniformierte Wachposten unseren Kleinbus und durchsuchten ihn. Dann passierten wir eine ebenfalls streng bewachte Straßensperre und fuhren in einen abgegrenzten Sicherheitsbereich. Ein hoher Stacheldrahtzaun umgab den Hotelkomplex. Ich stieg aus. Den Fußweg zum Hoteleingang zu nehmen war etwa so, als überschritte man den Wassergraben einer Festung.

Beim Betreten des Hotels wurde ich von einem Uniformierten abermals durchsucht. Als ich zur Rezeption ging, sah ich mich um. Das Hotel war neu und modern eingerichtet. Von meinem Platz in der Halle konnte ich bis zur zehnten Etage emporschauen. Aber etwas fehlte. Ich füllte das Anmeldungsformular aus, gab der Frau meine Kreditkarte und ließ die Atmosphäre auf mich wirken. Plötzlich wußte ich, was fehlte – *die Menschen*.

Ich suchte nach einem Ständer mit Prospekten und Hinweisen für Touristen, wie man ihn gewöhnlich in Hotels vorfindet. Doch vergebens. Also wandte ich mich noch einmal an die attraktive dunkelhaarige Frau, die Anfang Zwanzig sein mochte.

»Es gibt wohl keine Tagesausflüge?«

Sie schüttelte den Kopf, wich meinem Blick aus.

»Ich hatte gehofft, die Stadt besichtigen zu können.«

»Es tut mir leid.«

Sie drehte sich um und ging weg. Ich nahm den Aufzug zur neunten Etage, schloß die Zimmertür auf und ließ mich aufs Bett fallen. Ich war kein Gast in einem Hotel, sondern eine Geisel in einer fast leeren Festung. Ich konnte nirgendwohin gehen und niemanden treffen. Ich blickte mich um. Es gab weder Broschüren für Rundfahrten noch Magazine noch Stadtführer. Ich erhob mich, schlenderte zum Fenster und öffnete die Vorhänge. Durch die winzige Scheibe erspähte ich den kleinen Ausschnitt eines Hafens. Ich war um die halbe Welt gereist, um in diesem öden Zimmer zu sitzen.

Schüsse krachten, erschütterten die Luft draußen vorm Hotel.

Vielleicht ist es so am besten, dachte ich, als ich die Vorhänge wieder schloß.

Ich rief die Rezeption an und vereinbarte einen Massagetermin. Als ich ins Fitneßstudio kam, wies mir die junge Frau hinter dem Tisch den Weg zu einem großen, seitlich gelegenen Raum. Ich trat ein. Ein vielleicht achtzehnjähriges Mädchen stand in der Ecke.

»Ich komme wegen meiner Massage«, sagte ich.

Sie starrte mich nur an.

»Sprechen Sie Englisch?« fragte ich.

Sie schüttelte den Kopf.

»Massage?« wiederholte ich.

Sie fixierte mich weiterhin. Ich begann, meine Haut zu kneten, um ihr zu zeigen, was ich meinte. Ich rieb mir den Arm von oben bis unten, dann die Schultern und die Beine.

Entsetzt riß sie die Augen auf.

»Massage«, insistierte ich. Ich fuhr fort, meinen Körper zu reiben, um irgendeine Kommunikation zwischen uns herzustellen. Vergebens. Sie schob sich an mir vorbei und ging rückwärts aus dem Raum.

Ich hab' alles versucht, dachte ich. Ich ging eine Zeitlang ums Hotel und kehrte dann in mein Zimmer zurück. Ich schaltete den Fernseher ein. Die Auswahl an Programmen war sehr begrenzt. Ich schaltete wieder aus und blätterte die englische Übersetzung einer arabischen Zeitung durch, die ich am Flughafen bekommen hatte. Ich las einen Artikel über den neuesten tödlichen Terroranschlag in Algerien. Außerdem vertiefte ich mich in einen Bericht über Regierungen anderer Länder, die Journalisten und Geistliche jetzt auch als Spione einsetzen.

Hm, dachte ich.

Ich überflog die restlichen Seiten der Zeitung und legte sie weg. Eine Weile saß ich auf dem Bett, dann auf dem Stuhl, dann wieder auf dem Bett. Ich betrachtete die Möbel. Schließlich nahm ich den Telefonhörer ab und rief Wendy – die Frau, mit der ich zusammenarbeite – in den Vereinigten Staaten an.

»Und, wie läuft die magisch-mystische Reise?« fragte sie.

»Das einzige Drama, das ich hier erlebe«, antwortete ich, »spielt sich auf bedrückende Weise in meinem

Innern ab, irgendwo zwischen Jetlag und Menopause.«

Als ich auflegte, wurde es draußen dunkel und im Zimmer spürbar kühler. Ich war mir meines Alleinseins um so deutlicher bewußt. Was hatte ich hier eigentlich verloren? Was hatte ich mir nur dabei gedacht, als ich beschloß, dieses Land zu besuchen? Eine mächtige Welle von Selbsthaß und Selbstverachtung durchflutete mich, löschte jedes Gefühl von Abenteuer aus, jedes Gefühl, am richtigen Ort zu sein, und vor allem jedes Gefühl, in die richtige Richtung geführt zu werden.

Als ich Nichole erzählt hatte, daß ich gerade ein Buch darüber schrieb, wie man aufhört, sich selbst weh zu tun, und anfängt, das eigene Ich zu akzeptieren, lächelte sie nur. »Ah, ich seh' schon«, sagte sie. »Das wird was Geheimnisvolles.«

Nun, sie hatte recht. Alles war von einem Geheimnis umgeben – diese Reise und auch mein Tun hier, an einem der leiderfülltesten, gefährlichsten, ungemütlichsten Flecken der Erde. Glaubte ich ernsthaft, jemand würde einfach an meine Tür klopfen und sagen: »Hallo, schön, daß Sie da sind! Ich habe auf Sie gewartet, um Ihnen die Stadt zu zeigen und Ihnen meine Lebensgeschichte zu erzählen«?

Ich bestellte beim Zimmerservice eine Portion Tee, ließ heißes Wasser in die Wanne laufen und nahm ein Bad. In regelmäßigen Abständen waren Schüsse zu hören. Ich zog einen Trainingsanzug an, schlüpfte unter die Bettdecke und legte mich schlafen.

Ich war fast eingeschlummert, als es an der Tür klopfte.

Das ist aber seltsam, dachte ich. Ich kann mir nicht vorstellen, daß sie noch einmal kommen, um das Bett für die Nacht herzurichten. Vielleicht ist es der Zimmerservice, und sie wollen das Tablett abräumen.

Geh weg, dachte ich. Laß mich schlafen.

Es klopfte wieder.

Ich stand auf, stolperte zur Tür und lugte durch den Spion. Draußen stand ein Mann, etwa Mitte Zwanzig. Er blickte nervös in beide Richtungen des Flurs. Ich legte die Kette vor und öffnete die Tür einen Spaltbreit.

»Sie möchten?« fragte ich.

»Mein Name ist Mafateh«, flüsterte er. »Ich arbeite hier im Hotel, in einem anderen Trakt. Das Mädchen an der Rezeption ist meine Freundin. Sie sagte, daß Sie etwas Bestimmtes wünschten. Ich glaube, ich kann Ihnen helfen.«

Ich musterte ihn. Er trug einen dunkelblauen Anzug, der wie die Uniform eines Hotelangestellten aussah. Mit seinen hochgezogenen Hosen und seinen Pausbacken wirkte er wie der gute arabische Junge von nebenan. Seine Augen hatten einen sanften Glanz. Er schien ängstlich, aber harmlos zu sein. Ich schob die Kette zur Seite, öffnete die Tür und ließ ihn herein.

Ich stellte mich vor, verhaspelte mich dann, als ich seinen Namen zu wiederholen versuchte. Er meinte, ich solle ihn einfach »Fateh« nennen.

»Genauso wie ›fatty‹ (Dickerchen) in Ihrer Sprache«, sagte er stolz.

Wir unterhielten uns eine Weile. Schon nach wenigen Augenblicken hatte ich das Gefühl, Fateh seit langer Zeit zu kennen. Zum ersten Mal auf dieser Reise war ich mit jemandem in Kontakt gekommen. Ich erklärte ihm, daß ich mindestens drei Tage, vielleicht sogar länger, in Algier bleiben würde; daß ich das Land kennenlernen und mit den Menschen sprechen wolle – und daß ich dafür einen Führer bräuchte, jemanden, der mich herumfährt.

»Es ist gefährlich, durch die Gegend zu fahren«, sagte er.

»Bitte«, drängte ich.

Er schüttelte den Kopf.

»*S'il vous plaît*«, flehte ich, diesmal auf französisch. Ich wußte, daß ich bettelte. »Wahrscheinlich komme ich in meinem Leben nie wieder hierher ...«

Er betrachtete mich, taxierte meine äußere Erscheinung und stimmte widerwillig zu.

»Vielleicht haben wir Glück, und alles geht gut«, sagte er. »Sie sehen aus wie eine Einheimische. Seien Sie also morgen früh um halb zehn in der Hotelhalle. Tragen Sie dunkle Sachen, Kleidungsstücke bei denen man nicht merkt, daß Sie aus Amerika sind. Sprechen Sie mit niemandem. Sagen Sie keinem, wohin Sie gehen oder was Sie vorhaben.«

Ich dankte ihm, drückte ihm ein paar algerische Dinar in die Hand und verschloß die Tür hinter ihm.

Innerhalb weniger Augenblicke hatten die Energien der ganzen Reise sich dramatisch verändert und ein neues Niveau erreicht. Egal, welcher geheimnisvolle Wirbel mich hierher, in diesen Teil der Welt verschlagen hatte: Er zog mich nun unter die Oberfläche. Es war Zeit, tief Atem zu holen und unterzutauchen.

DIE SCHNEIDENDE STIMME der Vernehmungsbeamtin riß mich aus meiner Geschichte und brachte mich zurück in den Flughafen von Kairo.

»Was für eine Art von Büchern schreiben Sie?« wollte sie wissen.

Ich ließ den Blick durch das Terminal schweifen. Die lärmende Menschenmenge war verschwunden. Außer einem oder zwei Reisenden sah ich nur noch Flughafenangestellte sowie den Mann und die Frau, die mich verhörten.

»Alle acht Bücher, die ich bisher geschrieben habe, handeln von spirituellem Wachstum und innerer Heilung«, sagte ich. »In meinem Land bezeichnet man sie als ›Selbsthilfebücher‹. Daran arbeite ich auch jetzt.«

»Sie sagen, Sie schreiben Bücher über spirituelles Wachstum und innere Heilung. Trotzdem sind Sie nach Algerien gereist, ein Land, das vom Terrorismus beherrscht wird. Was haben die Menschen dort mit Ihrem Grundthema zu tun – und was haben sie mit den Menschen zu tun, die in Ihrem Teil der Welt leben?« fragte sie.

Inwischen war ich schweißgebadet und sehr müde. Mir schien, als hätte ich diesen Beamten mehr als genug erzählt, mehr, als sie zu wissen brauchten. Ich wollte diese leidige Sache hinter mich bringen. Aber ich wollte auch kooperativ sein. Also versuchte ich behutsam, der schwarzhaarigen Frau mit dem durchdringenden Blick begreiflich zu machen, was ich von den Menschen in Algier erfahren hatte.

4. KAPITEL

Gespräche mit einem Krieger

Jede Kultur, jedes Land, jede Stadt hat ihren eigenen Energiewirbel – eine Art Windkanal, in dem die gemeinsame Vergangenheit sich mit gegenwärtigen Überzeugungen, Gefühlen, Absichten und Werten mischt. Los Angeles etwa ist untrennbar verbunden mit der Sogwirkung, die die Film- und Fernsehindustrie ausübt. Washington stellt den Mittelpunkt politischer Wirbelkräfte dar. Am Samstag, den 27. Januar 1996 um 9 Uhr 30 beendete ich mein Make-up, schnallte mir den Geldgürtel um die Hüfte und fuhr mit dem Aufzug in die Hotelhalle, um Fateh zu treffen. Ich wollte einen Tagesausflug nach Algier machen, in die Hauptstadt Algeriens – zugleich aber auch ins Weltzentrum, in den Wirbel des Terrorismus.

Die sechziger Jahre – diese stürmische, unvergeßliche Zeit von John F. Kennedy, Martin Luther King und Vietnamkrieg – brachten viele Formen politischen und persönlichen Ausdrucks hervor. Friedensbewegungen, Demonstrationen und Massenkundgebungen wurden zu allgemeinen Mitteln des gesellschaftlichen Protestes, zu wirkungsvollen Taktiken, die darauf abzielten, in den westlichen Demokratien Veränderungen in Gang zu bringen. Aber die sechziger Jahre hatten insofern auch ihre *Schattenseiten,* als sie die Möglichkeit boten, noch die abstrusesten Standpunkte zu vertreten und zu rechtfertigen. Der Krake des Terrors streckte seine Tentakel über den ganzen Globus aus – das internationale Netzwerk der Terroristen etablierte sich. Diese waren nicht nur bereit, für ihre Sache zu sterben; sie wurden auch dazu erzogen, für ihre Sache zu töten und dabei bewußt jene kaltblütigen Methoden anzuwenden, die ganze Völker in Schock versetzen und zu Opfern machen.

1968 breiteten sich die ersten dieser Schockwellen über die Welt aus, als Terroristen ein israelisches Flugzeug entführten und den Piloten zwangen, nach Algier zu fliegen.

Im Laufe der folgenden Jahre kamen die Tentakel des Terrors immer näher an uns heran. Während der Olympischen Spiele in München 1972 überfielen palästinensische Terroristen die Unterkunft der israelischen Sportler; das anschließende Blutbad ist uns allen noch in Erinnerung. 1976 erlebten wir mit, wie eine israelische Kommandoeinheit ihre perfekt geplante, äußerst waghalsige Befreiungsaktion auf dem Flughafen von Entebbe, Uganda, zu einem erfolgreichen Abschluß brachte. 1986 flogen die USA Bombenangriffe gegen Libyen, den Nachbarn Algeriens, um Libyens Staatsoberhaupt Muhammar al Khadafi zu stürzen. Im Dezember 1988 explodierte in der Pan-Am-Maschine mit der Flugnummer 103, die sich auf dem Weg von London nach New York befand, über der schottischen Ortschaft Lockerbie eine Bombe und riß 270 Menschen, darunter 187 Amerikaner, in den Tod.

Anfang der neunziger Jahre erreichten die Schockwellen des internationalen Terrorismus sogar Stillwater, Minnesota, wo ich damals lebte. Eine Serie von Rohrbombenanschlägen und Bombendrohungen, die mit dem Golfkrieg sowie mit den Warnungen des FBI vor terroristischen Aktivitäten einhergingen, zwangen mich und viele andere dazu, den Ernst der Lage zu erkennen. Eines Nachmittags fragte mich mein Sohn Shane, ob ich ihn und einige Freunde zu einem Basketballspiel in einer örtlichen Sporthalle fahren würde. »Nein«, sagte ich. »Das ist zu gefährlich. Die Halle ist eine Zielscheibe für Attentate. Mach lieber etwas anderes.«

Im Februar 1993 verübten Terroristen einen Bombenanschlag auf das World Trade Center in New York. Am 19. April 1995 explodierte eine Bombe vor der Bundesbehörde in Oklahoma City, einem Hochhaus, das auch eine Kindertagesstätte beherbergte. Diesmal kamen 169 Menschen ums Leben, darunter 19 Kinder.

In dem Maße, wie die Bombendrohungen zunahmen, verstärkte die amerikanische Regierung die Sicherheitsmaßnahmen. Am deutlichsten machte sich dies auf den Flughäfen bemerkbar. Reisende in den

Vereinigten Staaten konnten nicht mehr einfach einchecken und an Bord gehen. Sie mußten ihren Ausweis vorzeigen und bestimmte Fragen beantworten wie zum Beispiel: »Haben Sie Ihren Koffer allein gepackt? Hat Ihnen jemand etwas mitgegeben?« Eine ganze Nation begann, mit ausgeklügelten Antiterror-Maßnahmen auf den Terrorismus zu reagieren. Und auch ich war nun präpariert, gewappnet, bereit für eine Fahrt in die Nähe der Ausbildungscamps der Terroristen in den Vorgebirgen um Algier – an einen der Orte, wo der moderne Terrorismus entstanden war.

Fateh erwartete mich in der Hotelhalle. Er prüfte meine äußere Erscheinung und nickte. Mein Instinkt hatte mich nicht getrogen. Es war mir leichtgefallen, seine Anweisungen vom Abend zuvor zu befolgen und mich »unamerikanisch« anzuziehen. In meinem Gepäck befand sich nur eine weitere Kleidergarnitur. Ich trug einen dunklen, weiten Pullover und Hosen. Mit meinem dunklen, kurzgeschnittenen Haar und meiner olivfarbenen Haut hatte ich das Gefühl, in dieser aus arabischem, berberischem und französischem Erbe zusammengesetzten Kultur nicht aufzufallen.

Als Fateh mich auf dem Weg zum Parkplatz durch die Sicherheitskontrollen schleuste, gab er mir weitere Anweisungen. »Wir fahren heute aufs Land«, sagte er. »Ich habe meinen Freund Nazil gebeten, uns zu begleiten. Er ist ein Hochschulabsolvent, der viele Jahre Englisch studiert hat und besser Englisch spricht als ich. Er kann Ihnen Dinge sagen, die ich nicht ausdrücken kann, weil mir viele Worte in Ihrer Sprache fehlen. Wir sind schon lange nicht mehr aufs Land und zu den Parks gefahren. Dieser Tag wird uns allen Spaß machen. Aber es gibt auch gewisse Gefahren.«

Fateh hielt inne und wandte sich mir zu. »Sprechen Sie mit niemandem, auch nicht, wenn Sie angesprochen werden. Wenn jemand auf Sie zukommt oder wenn jemand unseren Wagen stoppt – vielleicht sogar die Polizei –, *sagen Sie nichts. Schauen Sie Ihrem Gegenüber nicht in die Augen. Schauen Sie auf Ihre Füße und schweigen Sie*. Nur so sind wir sicher«, erklärte er. »Haben Sie verstanden?«

Fateh machte eine ernste Miene. »Nicht einmal ein kurzes ›*Bon jour*‹?« fragte ich in der Hoffnung, ihn ein wenig aufzuheitern. »Mein Französisch macht allmählich Fortschritte …«

Er starrte mich zornig an. »Kein Wort«, zischte er. »Sagen Sie nicht ein einziges Wort.«

»Ich verstehe«, sagte ich.

In Fatehs altem Rambler nahm ich auf dem Beifahrersitz Platz. Er stieg auf der Fahrerseite ein, aber noch bevor er richtig saß, klappte der Sitz nach hinten. Er stöhnte und seufzte, griff tastend unter den Sitz und zog einen Schraubenzieher hervor; damit bastelte er an der Rückenlehne herum. Die Autoreparatur wurde zu einem festen Bestandteil unseres Tagesausflugs. Vielen Leuten hier erging es nicht anders. Die meisten Fahrzeuge waren alt und abgenutzt – »Rostlauben« würden wir sie nennen.

Während Fateh an seinem Sitz hantierte, wandte ich mich dem jungen Mann namens Nazil zu, der auf dem Rücksitz saß. Er hatte dunkles, welliges Haar, feine Gesichtszüge und war schlank, also viel dünner als Fateh. Später erfuhr ich, daß er vierundzwanzig war, ein Jahr jünger als sein Freund.

Ich stellte mich vor und sagte ihm, daß ich erfreut sei, ihn kennenzulernen. Dabei streckte ich ihm die Hand hin.

»Das Vergnügen ist ganz meinerseits«, erwiderte er. »Es ist mir eine Ehre, diesen Tag mit einer Frau aus Amerika zu verbringen. Ich habe die englische Sprache fast mein ganzes Leben lang studiert, konnte meine Kenntnisse aber bisher nur im Klassenzimmer anwenden. Ich bin froh, daß sich heute die Gelegenheit bietet, die Sprache zu sprechen, die ich mir mit großer Mühe angeeignet habe.«

Nachdem Fateh den Sitz gerichtet hatte, stieg er ein, bediente den Schaltknüppel, ließ den Wagen nach hinten rollen und startete den Motor.

Eine Zeitlang kurvten wir durch die engen Straßen der Innenstadt. Es waren nur wenige Männer unterwegs, manche in Gruppen, andere allein. Vor uns eilte ein Mann über die Straße. Er trug einen kleinen Jungen auf dem Arm.

»Die Museen sind geschlossen. Ebenso die meisten Geschäfte«, sagte Fateh. »Hier gibt es nicht viel zu sehen.«

Einige Häuserblocks weiter stockte der Verkehr.

Etwa sechs Autos standen vor uns in der Spur. Fateh drosselte das Tempo und hielt an. Es war eine Straßensperre. Als wir die Barriere erreichten, näherten sich zwei junge Männer, bewaffnet und in Uniform, unserem Auto. Fatehs Anweisungen befolgend, schaute ich auf meine Füße. Im Augenwinkel sah ich, wie Nazil die Papiere und die Jacke hochhob, die im Wagen lagen, um den Polizisten Einblick ins Innere zu gewähren. Sie lächelten kurz und winkten uns weiter.

»Sie schienen freundlich zu sein«, sagte ich, als wir wieder schneller fuhren.

Nazil lehnte sich über die Rückenlehne nach vorn. »Die Polizisten sind anständige, nette Leute«, sagte er. »Auch sie leiden unter dem Terror.«

Nach einer kleinen Pause fuhr er fort: »Einer meiner Freunde ist Polizist. Er wurde von Terroristen überfallen. Sie wußten, daß er an jenem Abend allein und ohne Waffe unterwegs war. Sie kannten seinen Zielort und seinen Terminplan. Sie hatten sich in Büschen versteckt. Als er vorbeiging, sprangen sie heraus. Einer hielt ihm eine Waffe an den Kopf. ›Jetzt wirst du sterben‹, sagte der Terrorist. Er drückte den Abzug. Doch die Waffe hatte Ladehemmung. Das rettete meinem Freund das Leben.

Die Terroristen haben viele Verbindungen. Sie sind informiert über die täglichen Gewohnheiten und Pläne der Leute. Keine Ahnung, woher sie das alles bekommen, aber sie wissen es eben. Sie können genau sagen, wer wo ist, wann jemand kommt und wann jemand geht. Wenn sie von Ihrem Besuch in Algier noch keine Kenntnis haben, dann wird sich das bald ändern.«

Wir fuhren durch die Stadt, bahnten uns einen Weg hinunter zu der Straße, die am Hafen entlangführt. Wenig später kamen wir an eine weitere Straßensperre. Fateh stoppte den Wagen. Ich schaute auf meine Füße. Wieder zeigte Nazil den Polizisten, was sich auf dem Rücksitz befand. Und wieder ließ man uns vorbei.

»Wir haben viel verloren«, sagte Nazil. »Die meisten von uns haben einen geliebten Menschen verloren. Wir alle kennen jemanden, der einen geliebten Menschen verloren hat. Wir leben jeden Tag mit der Angst, unsere Freunde und unsere Familie zu verlieren. Und wie Sie sehen, haben wir auch unsere Freiheit verloren.«

Am Stadtrand machten wir Halt an einer Tankstelle und fuhren dann in Richtung Land. Nach einiger Zeit befanden wir uns auf einer gut ausgebauten Küstenstraße.

»Ich weiß noch den Tag, an dem alles losging«, sagte Nazil.

Fateh nickte.

»Am 5. Juni 1991«, sagten beide fast gleichzeitig.

Nazil gab mir einen kurzen Überblick über die neuere algerische Geschichte. Das Land stand unter der Kolonialherrschaft Frankreichs. Nach einem achtjährigen Unabhängigkeitskrieg errang Algerien 1962 endlich die Freiheit. Anfang der neunziger Jahre gewann die islamische Volkspartei die Vorwahlen und war im Begriff, die Regierung zu übernehmen. In dieser Phase begann der Bürgerkrieg. Algerien hatte zwar aufgehört, gegen Frankreich zu revoltieren, aber seine beiden größten Parteien, die religiös orientierte Islamische Heilsfront und die weltliche Nationale Befreiungsfront, die den sich abzeichnenden Wahlsieg der Islamisten verhinderte, bekämpften sich gegenseitig.

Am 5. Juni 1991 erklärte Algeriens Präsident den Kriegszustand.

»Damals ereigneten sich die ersten terroristischen Anschläge«, erklärte Nazil. »Anfangs gingen nur ein oder zwei Bomben hoch. Dann aber wurde der Terror zu einem festen Bestandteil unseres Alltags. Und vor ein paar Jahren übernahm das Militär die Herrschaft.«

»Hier war ein Erdbeben, dem fünftausend Menschen zum Opfer fielen«, fuhr Nazil fort. »Dort bei Ihnen gibt es ja auch Erdbeben. Doch unsere eigentliche nationale Katastrophe ist der Terrorismus. Inzwischen hat er zwischen zehn- und sechzigtausend Menschenleben gefordert.«

Nach einer Weile sagte ich: »Mir ist der Benzinpreis an den Zapfsäulen aufgefallen – 1,45 Dinar pro Liter. Der Kraftstoff ist teurer als in den Vereinigten Staaten und doch zugleich Algeriens wichtigster Exportartikel. Warum kostet Benzin soviel? Ist das Volk nicht wütend darüber?«

»Doch«, sagte Nazil. »Unser Volk ist wütend. Es ist wütend auf die Regierung, wütend auf die Reichen.

Es weiß nicht genau, von wem es im Stich gelassen wurde, aber es weiß sehr wohl, daß es betrogen wurde.«

Wir setzten die Fahrt fort, bis Fateh von der Schnellstraße abbog und vor einem Einkaufszentrum parkte. Ich öffnete die Wagentür und wollte aussteigen. Sofort streckte Fateh den Arm aus und schlug sie wieder zu. Dann saß er reglos da.

»Mafateh hat Angst«, sagte Nazil. »Immer Angst.«

Fateh und Nazil unterhielten sich eine Weile auf arabisch. Anschließend atmete Nazil kräftig aus und erklärte mir, was sie beide besprochen hatten. »Mafatehs Verlobte ist vor einem Jahr umgebracht worden«, sagte Nazil. »In dem Bus, in dem sie saß, explodierte eine Bombe. Jetzt glaubt Mafateh, daß so etwas wieder passieren wird. Er befürchtet, daß die Terroristen jemanden töten werden, den er liebt oder der ihm nahesteht. Ich habe ihn davon überzeugt, daß es für uns ungefährlich sei, auszusteigen und ein bißchen herumzugehen.«

Wir verließen das Auto und schlenderten durch das Einkaufszentrum. Alle Geschäfte waren geschlossen und verbarrikadiert. Nazil führte uns an der Seite des Komplexes entlang, und wir folgten ihm über einen schmutzigen Weg hinunter zum Meer. Dort erstiegen wir hintereinander einen Pier. Wir gingen ihn bis ans Ende und setzten uns dann auf die Felsen.

Als Fateh jetzt am Rande des Piers saß, wirkte er zum ersten Mal fast entspannt.

»Es tut mir leid, daß Sie Ihre Freundin verloren haben«, sagte ich nach einer Pause.

»Als es passierte, war ich gerade im Haus ihrer Mutter«, sagte er leise. »Wir erwarteten sie zum Mittagessen. Da läutete das Telefon. Ihre Mutter hob ab. Als sie den Hörer fallen ließ und zu schluchzen begann, wußte ich, daß meine Freundin tot war.«

»Es tut schrecklich weh, einen Menschen so plötzlich zu verlieren«, sagte ich. »Ein geliebtes Wesen, das aus unserer Mitte gerissen wird ...«

Er nickte.

Eine Zeitlang saßen wir da, ohne zu reden. Als sich drei Männer dem Pier näherten, erhoben wir uns gleichzeitig und eilten zum Auto zurück.

Fateh lenkte den Wagen zurück auf die Schnellstraße. Kurz darauf bog er erneut ab. Diesmal fuhr er auf den Parkplatz vor einem Park. Widerwillig und nervös stieg er aus. Nazil und ich folgten ihm. Wir drei steuerten auf den Eingang des Parks zu.

Am Ende des Parkplatzes saß ein junges Pärchen in seinem Auto, dessen Türen offenstanden. Als wir daran vorbeigingen, fühlte ich, wie in jedem von uns eine Welle der Angst hochstieg. Wir betraten den Park, marschierten schnellen Schrittes durch das mit Abfällen übersäte, fast freie Feld. Das Land wirkte trostlos und vernachlässigt. Selbst die Bäume sahen seltsam leblos aus.

Wir erreichten das Freizeitzentrum. Es war geschlossen. Einige Augenblicke betrachteten wir die verwaiste

Einrichtung. Dann drehten wir um und kehrten durch den Park zum Auto zurück. Nachdem Fateh den Sitz nochmals repariert und den Wagen ein Stück rollen gelassen hatte, um ihn zu starten, fuhr er wieder auf die Schnellstraße. Wir entfernten uns weiter von der Stadt in Richtung der drohend aufragenden Hügel.

Nazil deutete auf sie. »Dort befinden sich die Ausbildungscamps der Terroristen«, sagte er. »Dort leben und trainieren sie. Und dorthin ziehen sie sich nach den Anschlägen zurück.

Früher war es so, daß ein junger Mann vor der Wahl stand, die Universität zu besuchen, eine Arbeit anzunehmen oder zum Militär zu gehen. Jetzt hat er nur die Wahl, zum Militär zu gehen oder Terrorist zu werden. Für die jungen Männer unseres Landes ist das eine schwerwiegende, wohlüberlegte Entscheidung.

Ich habe zwei Freunde. Sie verstanden sich prächtig. Sie hatten als Kinder zusammen gespielt, kannten beide die Eltern des andern und dessen Zuhause. Als sie größer wurden, beschloß der eine, in die Armee einzutreten, wogegen sich der andere für die Terroristen entschied. Schon in jungen Jahren war jedem der beiden klar, was er machen würde.«

Nazil hielt einen Moment inne und versuchte, seine Gedanken in die richtigen Worte zu fassen. »Jeder blieb … wie sagen Sie doch gleich? … seiner Entscheidung treu. Als sie achtzehn waren, schloß sich der eine der Armee an, während der andere in die Berge zog, um Terrorist zu werden. Es war sein *Ziel,* das Leben eines Terroristen zu führen.

Vor wenigen Wochen schlich sich der Mann, der Terrorist geworden war, in das Haus seines Freundes, der die militärische Laufbahn eingeschlagen hatte. Dessen Mutter stand gerade in der Küche und kochte. Er näherte sich von hinten und flüsterte ihr ins Ohr: ›Irgendwann bring ich ihn um. Das weißt du doch, oder?‹ Dann rannte er durch die Tür nach draußen.

Sie glauben, ihre Macht beruhe auf Stärke. Sie meinen, mächtig zu sein, weil sie Waffen haben, Menschen umbringen und Leid zufügen. Aber das ist keine Macht«, sagte Nazil und schüttelte den Kopf.

»Ich weiß nicht, was sie dazu bringt, so schreckliche Dinge zu tun«, fuhr er fort. »Sicherlich nehmen sie Drogen. Um Kehlen zu durchschneiden und kaltblütig Menschen zu töten, muß man unter Drogen stehen.«

Fateh nickte.

Nach etwa einer halben Stunde bog Fateh erneut von der Schnellstraße ab. Wir erreichten einen Sommerurlaubsort. Nazil erklärte, daß die Menschen vor Ausbruch des Bürgerkriegs in Scharen hierher gekommen seien, um einen Luxusurlaub oder ein vergnügliches Wochenende zu verbringen.

Jetzt waren die Straßen fast leer. Die meisten Geschäfte hatten geschlossen. Wir schlenderten den Bürgersteig entlang, vorbei an den verriegelten oder verbarrikadierten Ladenfronten. Manchmal trafen wir auf Menschen – zumeist Männer –, die hastig an uns vorbeigingen. Ich befolgte auch weiterhin Fatehs Anweisungen, vermied jeden Augenkontakt und schaute auf meine Füße.

Inzwischen kam mir meine Rolle als Frau, die sich unterordnet – die also weder spricht noch irgend jemandem direkt in die Augen sieht –, seltsam angenehm, ja fast vertraut vor. Aber nicht nur, weil ich Mafatehs »Befehlen« gehorchen und jedweden Angriff verhindern wollte. Vielmehr spürte ich, daß es erschreckend einfach war, sich dem Lebensrhythmus einer bestimmten Kultur anzupassen und – durch eine Art Osmose – ihre Überzeugungen und Gewohnheiten zu übernehmen.

Ich verstand nun auch das Verhalten der Frau an der Rezeption, die dem Gespräch ebenso ausgewichen war wie meinem Blick und dann Mafateh von mir erzählt hatte. Ihre Zurückhaltung bezog sich gar nicht auf mich. Sie achtete nur die Sitten und Gebräuche ihrer Kultur, lebte im Einklang mit den spezifischen Eigenheiten ihres Landes.

Nachdem wir am Ende der Ladenreihe die Straße überquert hatten, befanden wir uns vor dem Eingangstor zu einem Park. Es war ebenfalls verschlossen. Wir drückten uns an den Zaun und versuchten, einen Blick ins Innere zu werfen. Auf dem Hof direkt hinter dem Tor hatten sich die ineinander verschlungenen Pflanzen eines verwilderten Gartens um majestätische griechische Ruinen gelegt – um bröckelnde Steine, die an den Einfluß der Griechen auf die lange algerische Geschichte gemahnten. Wir starrten eine Weile durch den Zaun und kehrten dann zum Auto zurück.

»Das ist ein schöner Tag«, sagte Fateh in aufrichtigem Ton. »Es geht uns prächtig, nicht wahr? Wir sind aufs Land hinausgefahren.«

Nazil und ich nickten.

»Ja«, sagte ich. »Es ist ein Vergnügen.«

Wir stiegen ein. Fateh reparierte wieder den defekten Sitz, ließ den Wagen so lange rollen, bis er ansprang, und lenkte ihn dann zur Schnellstraße zurück.

»Wir werden ein Stück auf einer anderen Straße fahren«, sagte Fateh.

An einer Kreuzung bog er ab ins Landesinnere, weg vom Meer, hin zu den unheilschwangeren Hügeln. Nach einiger Zeit machte er einen Bogen in Richtung Algier. Über mehrere Kilometer passierten wir – fast ohne Gegenverkehr – weite, doch trostlose Landschaften. An einer Kreuzung, wo die einmündende Straße direkt zu den Anhöhen führte, stießen wir auf eine Straßensperre; der Wagen kam zum Stehen.

Diesmal fiel mir auf, daß ich den Atem anhielt, als ich zu Boden schaute. Ich erinnerte mich an die Warnungen des State Department in bezug auf fingierte Straßensperren, die den Terroristen als Hinterhalt dienen. Die Polizisten durchsuchten das Auto und ließen uns weiterfahren.

»Ich liebe und achte mein schönes Land«, sagte Nazil etwas später. »Meinem Volk sind furchtbare Dinge widerfahren. Aber das Schlimmste ist, daß es sich dafür rächen will.«

Und er betonte: »Wir machen all das nicht durch, um *Rache zu üben.*«

Eine bedrückende Stille breitete sich im Innern des Wagens aus. Sodann ergriff Nazil erneut das Wort.

»Es ist eine Tragödie, was mein Land und mein Volk alles erdulden mußte. Aber der größte Schaden wurde unseren Herzen zugefügt. Wir weinen schon gar nicht mehr, wenn wir eine Todesnachricht erhalten. Wir haben so lange mit dem Anormalen gelebt, daß es uns inzwischen völlig normal erscheint. Wir sind gefühllos geworden. Das ist die wahre Tragödie Algeriens.«

Wir blickten hinaus auf kahle Felder und gewellte Hügel. Nazil erklärte, daß Algerien trotz seines fruchtbaren Bodens inzwischen die meisten Nahrungsmittel importieren müsse.

Er zeigte auf ein großes, fensterloses Gebäude, das zu unserer Linken auftauchte.

»Dorthin werden die gefangenen Terroristen gebracht«, sagte er. »Einmal hatte ein Arzt einen verletzten Terroristen behandelt. Die Polizei verhaftete den Arzt und steckte *ihn* ins Gefängnis. Zwei meiner Bekannten haben kürzlich über diesen Vorfall gesprochen. Der eine konnte nicht begreifen, warum sie einen

Arzt dafür einsperren, daß er einen verletzten Menschen behandelt hat.«

Ich sah Reihen von Wohnhäusern, die verlassen oder zerstört schienen, und fragte Nazil, ob dies auf den Terrorismus zurückzuführen sei oder andere Gründe habe. Er erwiderte, daß die Besitzer mit dem Bau begonnen, ihn dann aber aus Geldmangel nicht zu Ende geführt hätten.

»Diese desolaten Zustände dauern schon so lange an«, sagte ich. »Hat Ihr Volk noch Hoffnung?«

»Hoffnung?« fragte er. »Ja, wir haben Hoffnung. Aber wir hoffen nicht auf eine positivere Entwicklung unserer Wirtschaft. Wir hoffen weder auf mehr Landwirtschaft noch auf mehr Kunst. Wir hoffen nur, daß der Terror eines Tages aufhört.«

Fateh fuhr wieder auf die Schnellstraße, die an der Küste entlangführt. Als wir uns Algier näherten, entspannten wir uns allmählich. Nazil sprach über die Universität, über die Malkurse, die er besucht hatte, und über einige Schulfreunde. Kurz hinter der Stadtgrenze, beim Hafen, hielt Fateh am Straßenrand und erklärte, daß Nazil hier aussteigen würde und daß er selbst zur Arbeit müsse.

Nazil sagte mir, wie sehr er es genossen habe, den ganzen Tag Englisch zu sprechen; er hoffe, daß es ihm gelungen sei, mir verständlich zu machen, was er denke.

Ich erwiderte, daß er seine Sache großartig gemacht habe, und dankte ihm.

Ich zog meinen Geldbeutel unter dem Sitz hervor. »Darf ich Ihnen etwas geben, ein wenig Geld für Ihre Bemühungen – eine Art Geschenk, um Ihnen danke zu sagen?« fragte ich ihn.

Er lehnte entschieden ab. »Ich könnte kein Geld von Ihnen nehmen«, sagte er und schüttelte den Kopf. »Das wäre falsch. Es war eine Ehre, den Tag mit Ihnen zu verbringen und Sie mit der Geschichte Algeriens und meines Volkes vertraut zu machen. Außerdem sind wir aufs Land gefahren und haben Spaß gehabt«, fügte er lächelnd hinzu.

Ich beobachtete, wie Nazil über die Ruinen sprang und dann in einer Wohnsiedlung am Meer verschwand. Als Fateh zum Hotel zurückfuhr, wurde mir zum ersten Mal bewußt, daß ich innerlich sehr angespannt war – und das schon den ganzen Tag. Wegen des Ramadan hatten wir nichts gegessen und getrunken. Ich war durstig, sehnte mich nach einem Glas Wasser.

»Dort ist unser Zoo«, sagte Fateh, als wir uns dem Hotel näherten. »Er ist jetzt geschlossen, aber wir haben den ältesten lebenden Alligator der Welt hier«, verkündete er stolz.

Wir passierten die Sicherheitszone des Hotels. Die Polizisten durchsuchten erneut den Wagen. Dann parkten wir, und Fateh begleitete mich zum Hoteleingang. Von dort blickten wir auf die Wachposten, die Barrieren und die Baumkronen in der Ferne.

»Hat Ihnen dieser Tag gefallen?« fragte Fateh.

»Ja, sehr. Ich danke Ihnen«, sagte ich.

Er lächelte zufrieden. Ich wandte mich ihm zu, legte meine Hand aufs Herz und *schaute ihm direkt in die Augen.* »Möge Gott Ihnen helfen, über den Verlust Ihrer geliebten Freundin hinwegzukommen«, sagte ich.

Fateh sah mich an. Ich bemerkte und spürte eine Kraft in ihm, die mir bisher verborgen gewesen war. »Ich werde dafür beten, daß Allah auch Ihnen beisteht«, beteuerte er.

Fateh ging zum Personaleingang, um sich zur Arbeit zu melden. Ich kehrte in mein Zimmer zurück. Es war vorgesehen, daß ich mich eine Stunde später wieder in der Hotelhalle einfinden sollte. Fateh hatte für mich einige weitere Treffen arrangiert; zum Beispiel sollte ich am nächsten Abend dem Ramadan-Festmahl in einer Berberfamilie beiwohnen, die nach Sonnenuntergang die Fastenzeit unterbricht. Meine Tagestour aufs algerische Land war jedenfalls beendet.

Bisweilen – nicht sehr oft – kreuzt ein Mensch unseren Weg, dem es trotz enormer Schwierigkeiten und Kümmernisse gelungen ist, seine Identität, seine Wertvorstellungen, seine Redlichkeit und seinen Glauben an Gott zu bewahren – ob an »Allah«, »Jehova« oder ein anderes allmächtiges Wesen. Dieser Mensch weiß, woran er glaubt, und hält an seinen Überzeugungen fest, auch wenn er durch äußerst widrige Umstände gezwungen zu sein scheint, sie aufzugeben. Die Entscheidung, die eigenen Wertvorstellungen zu respektieren, ist unabhängig davon, was er vom Leben oder von Gott bekommen hat. Obwohl seine Wünsche und Hoffnungen unerfüllt bleiben, seine Verdienste von niemandem gewürdigt werden, hadert er nicht mit Gott und der Welt. *Und er hadert auch nicht mit sich selbst.*

In solch einem unbeirrbaren Menschen brennt die Flamme der Kraft und der Standhaftigkeit.

In seiner Gegenwart verändern wir uns, und zwar schon nach kurzer Zeit. Wir haben nun ein Vorbild, ein Juwel, anhand dessen wir uns selbst genauer beurteilen können. Wir werden seinen Maßstäben vielleicht nicht immer gerecht, aber jedesmal, wenn wir fehlgehen, merken wir es. Die wenigen Augenblicke mit diesem Menschen helfen uns, erneut darüber nachzudenken, wie wir sein möchten und was wir suchen.

Derlei habe ich erlebt am 27. Januar 1996, im stürmischen Zentrum des Terrorismus, bei einem Ausflug nach Algier und Umgebung. Ich begegnete einem jungen Mann namens Nazil. Er erzählte mir die Geschichte seines Landes. Er brachte mir seine Überzeugungen nahe. Und ich sah ein Licht, das so hell strahlte, daß es mich für alle Zeit veränderte.

In einem Land, wo die Menschen ihrer Freiheit und ihrer Stärke beraubt sind, hat er eine Möglichkeit gefunden, frei zu sein – und verstanden, worin wahre Stärke besteht.

Ein echter Krieger hatte meinen Weg gekreuzt.

»HAT EINE DER PERSONEN, die Sie in Algier trafen, Ihnen etwas mit auf die Reise gegeben? Oder haben Sie sonst etwas bekommen?« fragte die Vernehmerin im Kairoer Flughafen.

»Ja«, antwortete ich. »Ich bekam einige Geschenke.«

»Zeigen Sie sie mir«, sagte sie.

Ich öffnete meinen Koffer, der auf dem großen Tisch zwischen uns stand, und zog einen rosafarbenen, handbestickten Kaftan hervor, wie Berber ihn tragen, sowie ein Plakat von der Kasbah in Algier. Dann zeigte ich mein wertvollstes Stück vor: einen weißen Jahreskalender aus Karton für 1996. Die Namen der Monate und Tage waren in Französisch geschrieben. Oben, über den Monatsbezeichnungen, prangte das Hoheitszeichen Algeriens – Halbmond mit Stern. Durch Zufall war es zugleich das Sinnbild, unter dem meine Reise stand.

Die Beamtin unterbrach kurz die Befragung und studierte meine Reiseroute.

»Ursprünglich hatten Sie einen Flug von Kairo nach Griechenland gebucht. Das sollte die letzte Station Ihrer Reise sein. Offenbar haben Sie Ihre Pläne kurzfristig geändert, um von hier nach Tel Aviv und dann weiter nach Los Angeles zu fliegen. Warum haben Sie soviel Zeit in Algerien und Ägypten verbracht und dann im letzten Moment gerade jene Etappe gestrichen, die für Sie höchst erholsam gewesen wäre?«

»Ah, das meinen Sie«, sagte ich. »Das hat mich selbst überrascht. Lassen Sie es mich erklären.«

5. KAPITEL

Stromausfall

Ich schloß die Tür zu meinem Hotelzimmer auf und legte mich hin. Plötzlich war meine Zeit in Algier voll und ganz ausgefüllt gewesen. Seit der ersten Begegnung mit Fateh kam ich kaum noch zum Schlafen.

Nach der Fahrt aufs Land hatte er zwei weitere Ausflüge für mich organisiert. Ich hatte den Höhepunkt des algerischen Nachtlebens gesehen – ein verbarrikadiertes Einkaufszentrum, vor dem die Autos in kilometerlangen Schlangen standen und von Polizisten durchsucht wurden. Ich hatte die Stadt bei Tag gesehen, als wir durch die engen, gewundenen Gassen fuhren, die auf geheimnisvolle Weise zu armseligen Marktplätzen führen, natürlich auch die Kasbah, dann Straßen, in denen es offensichtlich keine Frauen gab, und Straßen, die mit Schutzwällen befestigt waren und von kampfbereiten Wachposten gesichert wurden.

Ich war gerade vom Haus einer Berberfamilie zurückgekehrt, Fatehs Nachbarn und Freunden. Sie hatten mich eingeladen, an einem Ramadan-Festmahl teilzunehmen, mit dem sie nach Sonnenuntergang den Fastentag beendeten und Allah dankten. Keiner in der Familie sprach Englisch. Und obwohl ich nicht wußte, was ich da zu mir nahm, war das Essen delikat. Danach reichten sie mir das Album mit den Familienfotos. Ich blätterte es durch und verfolgte eine persönliche Geschichte in Bildern, die die gleichen Themen widerspiegelte, denen schon im Musée de l'Homme in Paris meine Aufmerksamkeit gegolten hatte: Geburt, Hochzeit, Familienleben, Religion und – angesichts der Ereignisse außerhalb dieser französischen Wohnstätte – der überall lauernde Tod. Bevor ich ging, wurde ich mit Geschenken überhäuft. »Das ist bei uns Berbern so Brauch«, sagten sie und legten mir freudig ein Geschenk nach dem anderen in den Schoß.

Zurück im Hotel, betrachtete ich die Tüte mit Geschenken, die neben dem Bett auf dem Boden lag. Die Menschen von Algier hatten mir ihre Türen und ihre Herzen geöffnet. In dieser Stadt, wo ich noch vor wenigen Tagen der Meinung war, mein Zimmer nicht verlassen zu können, hatte ich so vieles unternommen und erlebt. Dies würde nun mein letzter Abend in Algier sein. Für den nächsten Morgen war mein Flug nach Casablanca gebucht – der einzige innerhalb mehrerer Tage. Jetzt aber fragte ich mich, ob ich ihn stornieren und ein paar Tage später reisen sollte.

Ich trat ins Badezimmer und ließ heißes Wasser in die Wanne laufen. Als ich mich darüber beugte und den Kaltwasserhahn aufdrehte, geschah es, daß die

Lichter schwächer wurden, flackerten und schließlich ganz ausgingen. Ich tastete mich zur Zimmertür und öffnete sie ein wenig. Der Hotelflur lag in völligem Dunkel.

Es war ein Stromausfall.

Eine panische Angst durchzuckte mich, während Nazils Worte vor meinem inneren Auge aufblitzten: *Sie wissen, was los ist. Sie wissen, wer wann ankommt und wann jemand abfährt. Wenn sie von Ihrem Besuch in Algier noch keine Kenntnis haben, dann wird sich das bald ändern.*

Draußen im Korridor herrschte völlige Stille. Ich hörte nur das Geräusch fließenden Wassers und das Pochen meines Herzens. Ich schloß die Tür und lehnte mich an sie. Die folgenden Augenblicke erschienen mir wie eine Ewigkeit. Plötzlich war es wieder hell. Ich ließ die Wanne vollaufen, badete und packte dann meinen Rucksack. Schmerzlicher denn je wurde mir bewußt, daß ich mich tatsächlich inmitten eines Bürgerkriegs befand. Als Fateh zum ersten Mal an meine Tür geklopft hatte, war ich bereit gewesen, tief Atem zu holen und unter die Oberfläche zu tauchen. Jetzt ging mir die Luft aus.

Es war Zeit aufzubrechen.

Ich verließ die Stadt im Morgengrauen. Als ich im aufsteigenden Flugzeug saß, schaute ich aus dem Fenster. Nie hatte ich ein schöneres Land gesehen als Algerien. Aber trotz dieser Schönheit strahlte die Landschaft etwas quälend Trostloses aus. Es war, als hätte die Erde selbst – ja als hätten sogar die Bäume und

Blätter – den Schmerz und die Verzweiflung der Menschen aufgesogen, die sie bewohnen.

Bei der Landung in Casablanca fühlte ich mich erleichtert. Mein Aufenthalt in Algier war interessant, aber auch sehr anstrengend gewesen. Ich war bereit, ins Leben zurückzukehren, Vitalität und Freiheit von neuem auszukosten; vor allem wollte ich nicht mehr den ständigen Gefahren des Terrorismus ausgesetzt sein. Ich rief ein Taxi, das mich zu dem Hotel brachte, wo ich mein Gepäck aufbewahrt hatte.

»*Je returnez! Je returnez!*« sagte ich zu jenem großen, finster dreinblickenden Mann an der Rezeption, der einen Kaftan trug. Doch er reagierte nicht mehr so mißmutig wie vor ein paar Tagen, als ich ihm gesagt hatte, daß ich nach Algerien reisen wollte. Nun lächelte er ein wenig – weil ich wohlbehalten zurück war, und wahrscheinlich auch wegen meines fehlerhaften Französisch.

Ich betrat mein Zimmer und war in einer seltsamen Stimmung, als ich meine Kleidung wechselte und mein Gepäck neu ordnete. Algerien hatte einige dunkle Seiten in mir berührt. Jetzt erschien mir der Aufenthalt dort als surreal. Irgendwie zweifelte ich daran, tatsächlich in diesem Land gewesen zu sein. Ja ich konnte nicht einmal mit letzter Gewißheit sagen, ob ich überlebt hatte. Meine jüngsten Erfahrungen hatten – wie geringfügig auch immer – jene Grenzen verrückt, die die Realität gewöhnlich einfassen und genau festlegen.

Zugleich aber war ich voller Tatendrang. Zu Beginn meiner Reise hatte ich die wenigen Tage in Paris größtenteils damit zugebracht, mich in meinem Zimmer zu verkriechen – eingeschüchtert von dem Luxus, der Pracht und dem Hauch des Elitären, der mich umgab. Als ich mich endlich aus dem Zimmer wagte und in die Empfangshalle hinunterging, setzte ich mich gefährlich nahe an den Rand eines samtbezogenen Stuhls mit hoher Rückenlehne. Ein Sicherheitsbeamter kam zu mir und fragte, ob ich im Hotel wohne. Ich zeigte ihm den Zimmerschlüssel und sagte: »Natürlich.« Dann ging ich nach draußen, tat dieses und jenes. Nun aber war ich durch die Unterdrückung und die zum Zerreißen gespannte Atmosphäre in Algerien um so entschlossener, auf der weiteren Reise soviel wie möglich zu sehen und zu unternehmen. Ich fühlte eine neue Welle von Kraft in mir aufsteigen, und die Freiheit bedeutete mir mehr denn je. Ich war hier am richtigen Ort. Und dementsprechend würde ich mich auch verhalten.

Sofort plante ich einen nachmittäglichen Ausflug nach Rabat, der Hauptstadt Marokkos. Bevor ich zum Taxistand ging, kehrte ich im Hotelrestaurant neben der Empfangshalle ein und bestellte einen Kaffee mit Milch.

Derselbe Ober, der mich das letzte Mal bedient hatte, brachte mir ein Silbertablett mit einem Espresso und einem Milchkännchen. Ich betrachtete es argwöhnisch. Als ich die warme Milch in die Tasse goß, war mir klar, daß ich das eigentlich nicht tun sollte.

Bisher hatte ich auf dieser Reise genau darauf geachtet, was ich aß und trank, um nicht krank zu werden. Abgesehen von dem Ramadan-Festmahl in Algier hatte ich kaum fetthaltige Kost zu mir genommen.

Aber diese bewußte Einstellung gegenüber dem Essen hatte sich nicht erst hier entwickelt. Seit einigen Jahren legte ich – ebenso wie die meisten meiner Bekannten – auf eine gesunde Ernährung großen Wert. Das war Bestandteil eines umfassenderen Prozesses – eine Entgiftung, eine Reinigung, ein Fasten sozusagen –, der damit zu tun hatte, daß man sich genauer überlegte, welche Speisen auf den Körper positiv wirken und welche ihn nur belasten. Ich konnte mich kaum mehr an jene Zeiten meines Lebens erinnern, als Nahrung lediglich dazu diente, den Hunger zu stillen, und von mir verschlungen wurde, wenn sie nur gut schmeckte. Jetzt galt als ungefähre Richtlinie das, was der pummelige Doktor in einem »Wizard of Id«-Cartoon seinem Patienten empfohlen hatte: Wenn's gut schmeckt, dann spuck's aus! Und dennoch: Es waren so viele Vorschriften zu beachten, einschließlich jener, die ich mir selbst gesetzt hatte. Es gab unzählige Dinge, die man nicht anrühren durfte. Gerade in letzter Zeit schien mir, als müßte ich mich all dessen enthalten, worauf ich Lust hatte.

Also trank ich den Espresso mit Milch bis auf den letzten Schluck aus.

Auf der Fahrt ins hundert Kilometer entfernte Rabat bekam ich dann plötzlich Bauchschmerzen.

Das Taxi parkte auf einem Platz vor einem weiträumigen Palast mit Innenhof. Dann spürte der Fahrer einen Führer auf, der versprach, mir die bekannten Touristenattraktionen zu zeigen. Es war ein untersetzter alter Mann mit dunkler, von der Sonne gegerbter Haut, dem ein Schneidezahn fehlte. Er sagte, ich solle ihn »Tommy« nennen, aber mir war klar, daß er nicht wirklich so hieß. Diesen Namen konnten Amerikaner eben leicht aussprechen. Und er meinte, es stehe mir frei, ihm hinterher für die Führung soviel zu bezahlen, wie ich für angemessen hielt.

Wir besuchten den Königspalast und das Gebäude, in welchem die Kinder des Königs unterrichtet wurden. Dann kamen wir zu einer heiligen Grabstätte, einem zweistöckigen, goldverzierten Bauwerk, das von Polizisten bewacht wurde. Innen schaute man von einem rundum laufenden Balkon auf einen reich verzierten Sarg. Dort oben hatte ich das äußerst seltsame Gefühl, am Durchgang zwischen Diesseits und Jenseits zu stehen.

Wir verließen den weihevollen Ort und legten endlose Wege zurück. Mit jedem Schritt wurden meine Bauchschmerzen stärker. Schließlich betraten wir einen großen, terrassenförmig angelegten Garten. Ich merkte, wie sehr mir auf dieser Reise die Natur gefehlt hatte. Abgesehen von der anstrengenden Fahrt in Algerien aufs Land hatte ich die meiste Zeit in Hotelzimmern, überfüllten Städten und Flughäfen verbracht.

Tommy deutete auf den großen Vogel, der auf einer der brüchigen Steinsäulen nistete. »Schauen Sie! Ich glaube, das ist ein Storch«, sagte er.

Wir hielten einen Augenblick inne, um ihn zu betrachten.

Inzwischen war es später Nachmittag. Tommy wirkte müde. Er mußte hungrig sein. Gelegentlich hatte er einen heimlichen Blick auf seine Uhr geworfen.

Die demütige, hingebungsvolle Art, die ich bei den Muslimen auf meiner Reise durchs arabische Land kennengelernt hatte, beeindruckte mich. Später erfuhr ich, daß das Wort »Islam« bedeutet, »sich Gottes Willen fügen oder unterwerfen«. Ich merkte genau, wie sich im Laufe des Ramadan, der ja alle Bereiche des Lebens erfaßt, die Atmosphäre immer mehr vergeistigte und auflud. Als ich den Menschen bei ihrer täglichen Arbeit zusah, spürte ich aber auch, welchen Belastungsproben sie durch das Fasten ausgesetzt waren. Dreißig Tage Enthaltsamkeit sind eine lange Zeit.

Diese innere Anspannung machte sich bei Tommy ebenfalls bemerkbar. Auf dem Weg durch den Garten schnaufte und keuchte er.

»Haben Sie Hunger?« fragte ich ihn.

»Ja«, antwortete er.

»Es ist sicherlich schwer, einen ganzen Monat tagsüber nichts zu essen und zu trinken«, sagte ich.

Er nickte. »Aber es tut gut«, versicherte er mit ernster Miene.

Ich stimmte ihm zu: »Es ist gut für den Körper, gut für den Geist …«

»Und gut für die Seele«, beendete er meinen Satz.

Ich stapfte hinter Tommy durch die breiten Hauptstraßen von Rabat, bis wir am Eingang zur *Casbah des Oudaia* anlangten, einer Festung aus dem 17. Jahrhundert, die unweit des Atlantiks in der Altstadt versteckt liegt. Als wir durch die engen Gassen gingen, zeigte ich auf einen kleinen, zwischen zwei Häusern eingepferchten Markt unter freiem Himmel. Meine Bauchschmerzen waren kaum noch zu ertragen. Ich brauchte eine große Flasche Wasser.

Wir beendeten den Rundgang. Ich dankte Tommy, bezahlte ihn und trat die Rückreise nach Casablanca an. Während der gesamten Fahrt umklammerte ich meinen Bauch. Mir war, als hätte ich ein Stachelschwein verschluckt.

Viele Stoffe, Orte oder Menschen können giftig für uns sein. Sogar der Selbsthaß der anderen, die Art und Weise, wie sie sich sehen, kann eine äußerst negative Wirkung auf uns ausüben. Alles, was uns umgibt und was wir in uns hineinstopfen, beeinflußt uns. Wenn wir darauf bestehen, mit einem »giftigen« Menschen zusammenzusein oder eine schädliche Substanz einzunehmen, neigen wir zu allergieartigen Reaktionen. Unser Körper windet und krümmt sich, kommt aus dem Gleichgewicht. Wir sind verwirrt, unklar und erkranken vielleicht. Das Gefühl, die Dinge im Griff zu haben, schwindet. Giftige Substanzen, Menschen und Überzeugungen schwächen uns.

Bevor mir das klar wurde, hatte ich mich in meinem Leben oft selbst zerfleischt, anstatt die unheilvollen Situationen von vornherein zu vermeiden. Ich hatte mir eingeredet, sie bewältigen zu können, wenn ich mir nur etwas mehr Mühe gäbe, meine Sache besser machte, wenn ich ein anderer, fähigerer Mensch wäre. Es dauerte lange, bis ich begriff, daß es nicht darum ging, mit dem Gift fertig zu werden, sondern darum, genau darauf zu achten, was Gift für mich ist.

Wir fühlen deutlich – tief innen erwacht plötzlich der sechste Sinn –, was uns guttut. Manchmal reagieren wir darauf spontan, wie elektrisiert, dann wieder eher subtil. Der Körper empfindet einfach ein stilles Wohlbehagen, und die Seele ist mit sich im Einklang. Ganz andere Regungen haben wir, wenn eine Person, ein Ort, eine Angelegenheit, eine Entscheidung oder eine Stimmung uns zusetzt. Dann reagieren wir entweder mit heftiger Abneigung, in der quälenden Gewißheit, daß etwas verkehrt läuft, oder mit Gleichgültigkeit – und fühlen überhaupt nichts. Ich brauchte Jahre, um meine intuitiven, körperlichen Reaktionen bewußt wahrzunehmen. Bisweilen ignorierte und verdrängte ich sie weiterhin, fest davon überzeugt, mir durch Willenskraft, Wunschdenken und geistige Stärke einen Weg zu bahnen. Außerdem gab es noch jene »blinden Flecke« in meinem Innern, die mich zu gewissen Handlungen verleiteten, *obwohl* ich eigentlich wußte, daß sie meine Gesundheit beeinträchtigten.

Ich hatte zwar den Terrorismus in Algerien überlebt, mir aber selbst geschadet, indem ich in Casablanca meinem Instinkt zuwiderhandelte. Ich war meinen eigenen Prinzipien untreu geworden: Ich hatte die Milch getrunken.

Als ich in mein Hotelzimmer zurückkehrte, durchstöberte ich sofort den Koffer nach den Kräutern, die ich für einen solchen Notfall mitgebracht hatte.

Ich schluckte eine Handvoll davon hinunter, ging dann zum Fenster und öffnete die Vorhänge. Ich sah all das wieder, was mir bereits nach meiner ersten Ankunft aufgefallen war. Verschleierte Frauen und dunkeläugige Männer bevölkerten die Straßen. Der Lärm aus Radios, Autos und Schiffssirenen erfüllte die Luft. Auf allen Gebäuden – auf den modernen Hochhäusern und den alten arabischen Geschäften – lag eine Rußschicht. Maurice, mein Freund in den Vereinigten Staaten, hatte recht gehabt. Casablanca war tatsächlich eine schmutzige Hafenstadt. Aber für mich war sie darüber hinaus zu einem sicheren Hafen und einem Zuhause geworden.

Mein Aufenthalt hier neigte sich dem Ende entgegen. Bald sollte ich nach Kairo weiterfliegen. Die Energien der Reise verwandelten sich erneut. Ich hatte keine Ahnung, was passieren würde, was mich erwartete. Als ich mir den Bauch hielt, fragte ich mich einen Moment lang, ob ich meine Pläne aufgeben und nach

Amerika heimkehren sollte. Aber dieser Gedanke war schnell vergessen. Ich war schon zu weit vorgedrungen. Es gab kein Zurück mehr.

Ich hatte meine »Einweihung« in den Wirbel des algerischen Terrorismus heil überstanden und mich mit Marokko ausgesöhnt. Jetzt wollte ich die Lehren der alten ägyptischen Mysterienschule empfangen.

»ICH VERSTEHE NOCH IMMER NICHT, warum Sie so viel Zeit in diesen arabischen Ländern verbrachten und dann plötzlich beschlossen, nicht nach Griechenland zu fliegen, wo Sie einen richtig schönen Urlaub verbracht hätten«, sagte die Vernehmungsbeamtin im Kairoer Flughafen.

»Das ist wohl auf meine Allergie gegen Milchprodukte und auf die hier nicht ganz so sorgfältige Behandlung der Milch zurückzuführen«, sagte ich. »Jedenfalls wurde ich krank, nachdem ich im Hotel die Milch getrunken hatte.«

Ich haßte mich selbst für das, was nun folgte. Ich fing an zu weinen. »Ich habe nichts Schlimmes getan«, rief ich. »Ich bin müde. Ich bin krank. Und ich will einfach nur nach Hause.«

Die Frau schaute mich an. Daraufhin redete sie mit ihrem Kollegen, wieder auf arabisch, so daß ich davon nichts mitbekam. Schließlich wandte sie sich an mich. »Es tut mir leid, daß das Ganze so lange dauerte«, sagte sie. »Sie können jetzt gehen.«

Das Verhör endete genauso unvermittelt, wie es begonnen hatte. Ich begriff nicht, was man mir hatte »anhängen« wollen, aber die Sache war ausgestanden. Der Abflug nach Tel Aviv verzögerte sich um mehrere Stunden, und fast die ganze Zeit hatte ich Fragen beantworten müssen. Nun saß ich bei meinem Flugsteig, erwartete den Aufruf und überlegte, ob ich beobachtet oder überwacht wurde.

Als ich in Tel Aviv landete, ließ meine innere Anspannung nach. Der Flughafen wirkte freundlicher, heller als die anderen, die ich in Nordafrika gesehen hatte – eher wie eine evangelisch-lutherische Kirche als ein Terminal. Da ich die Fluggesellschaft wechselte, mußte ich mein Gepäck abholen, damit durch den Zoll gehen und es erneut aufgeben für die Rückreise in die USA. Trotz der Verspätung in Kairo blieben mir noch vier Stunden bis zum Abflug. Also packte ich meine Koffer auf einen Wagen und schob ihn durch den weiträumigen Flughafen. Als ich an einem Restaurant vorbeikam, das die ganze Nacht geöffnet hatte, beschloß ich, ein Hörnchen zu essen.

Ich blickte mich um, beobachtete die anmutigen Gesten und Rituale der Menschen in meiner Umgebung. Gerne hätte ich hier mehr Zeit verbracht. Obwohl ich – mitten in der Nacht im Flughafen-Restaurant sitzend – nur einen winzigen Ausschnitt von Israel sah, übte das Land mit seiner großen Kultur eine besondere Anziehung auf mich aus.

Auf diesem Stück Erde hatte Christus gelebt, gepredigt, seine Werke vollbracht.

Ich erinnerte mich an eine Unterhaltung, die ich kurz vor der Abreise mit Nichole geführt hatte. Der Auslöser war, daß ich sie bat, einen bestimmten Bibelvers für mich nachzuschlagen. Sie schrieb ihn auf ein Blatt Papier, brachte es mir und begann, laut vorzulesen.

»Matthäus, Kapitel 22, Vers 35«, sagte sie. »Und einer unter ihnen, ein Schriftgelehrter, versuchte ihn und fragte: ›Meister, welches ist das vornehmste Gebot im Gesetz?‹ Jesus aber sprach zu ihm: ›Du sollst lieben Gott, deinen Herrn, von ganzem Herzen, von ganzer Seele und von ganzem Gemüte. Dies ist das vornehmste und größte Gebot. Das andere aber ist dem gleich.‹«

Nichole hielt inne, da ihr der dichte Text offensichtlich große Mühe bereitete, und schaute mich an. »Ich wußte gar nicht, daß man damals so schwülstig redete«, sagte sie.

»Lies weiter«, forderte ich sie auf.

»›Du sollst deinen Nächsten lieben wie dich selbst.‹«

Kurz darauf meinte sie: »Die meisten Leute wissen nicht einmal, wie sehr sie sich selbst hassen.«

Ich gab ihr recht.

»Wenn du ihnen sagst«, fuhr sie fort, »daß du dich nicht magst, verziehen sie nur das Gesicht und sagen zum Beispiel: ›Wie kann man sich selbst denn *nicht* mögen?‹ oder ›Ich verstehe das nicht, weil ich mich wirklich mag.‹ Doch dann schaust du sie an und erkennst, daß das nicht stimmt. Sie hassen sich auch. Das ist ihnen bloß nicht bewußt.

Es hat mir immer wieder zu schaffen gemacht, warum einige Menschen in ihrem Leben soviel leiden müssen und es genau wissen, während andere einfach glücklich sind und *zum Bowling gehen«, fügte sie hinzu, als sei ihr noch etwas eingefallen. »Lange Zeit dachte ich, daß wir vielleicht für eine bestimmte Sache bestraft werden. Aber inzwischen mache ich mir darüber keine Gedanken mehr.«*

»Warum?« fragte ich sie.

»Ich glaube nicht, daß Menschen deshalb soviel Kummer haben, weil sie bestraft werden«, sagte sie. »In meinen Augen sind sie die Erwählten.«

Ich aß mein Hörnchen auf und erreichte dann die Sicherheitskontrolle einige Augenblicke vor einer etwa hundertköpfigen japanischen Reisegruppe. Die Sicherheitsbeamtin gab mir ein Zeichen, etwas beiseite zu treten und zu warten. Dann winkte sie die Japaner zu sich und fing an, sie zu durchsuchen. Ich blickte auf die Reihe neben mir. Das würde eine lange Nacht werden.

Ich ging auf die Sicherheitsbeamtin zu.

»Eigentlich war ich zuerst da«, sagte ich. »Es ist spät, und ich bin müde. Sie haben mich aufgefordert, hier stehenzubleiben. Aber niemand kontrolliert mich. Bin ich vielleicht in der falschen Reihe?«

»Nein«, erwiderte sie. »Kommen Sie bitte mit mir.«

Sie führte mich zu einem entfernten Tisch am Ende der Halle. Auf der anderen Seite standen zwei uniformierte Frauen. Beide sahen wie Studentinnen aus. Nur die mit schulterlangem, kastanienbraunem Haar richtete das Wort an mich.

Zunächst stellte sie ganz einfache Fragen: Wie lange ich unterwegs gewesen sei, wer sich in meiner Gesellschaft befunden habe, was ich als alleinreisende Amerikanerin hier machte. Jede meiner Antworten quittierte sie mit einem nüchternen: »Ich verstehe.«

Dann verlangte sie Zeugnisse meiner schriftstellerischen Tätigkeit. Ich sagte ihr, daß ich keine vorweisen könne. Sie fragte, warum ich keines meiner Bücher mitgenommen hätte. Ich antwortete, daß ich daran gedacht hätte, aber daß in meinem sowieso schon übervollen Gepäck kein Platz mehr dafür gewesen sei. Sie wollte wissen, weshalb ich nach Tel Aviv gekommen sei und wen ich hier zu treffen gedächte. Ich erklärte, daß ich niemanden träfe, weil ich nur umsteigen und den Flughafen nicht verlassen würde; daß es sich nur um eine Zwischenlandung auf dem Rückweg in die Vereinigten Staaten handele.

Schließlich forderte sie mich nochmals auf, meine Arbeit durch Dokumente zu belegen. Ich zeigte ihr einige Papiere – Korrespondenz mit meinem Verleger sowie mehrere Faxe, die meine Schriftstellerei betrafen.

»Was haben Sie geschrieben?« fragte sie.

»Hunderte von Zeitungsartikeln.« Mist, dachte ich. Falsche Antwort. »Und acht Bücher. Der in meinem Land bekannteste Titel lautet *Codependent No More.*«

»Was bedeutet das?« fragte sie.

»Ein Wunder«, antwortete ich.

Sie schaute mich schweigend an.

»In diesem Buch geht es darum zu lernen, fürsorglich mit sich selbst umzugehen, auch wenn die nächsten Menschen das eher mißbilligen, eben weil sie wollen, daß man *ihnen* Fürsorge entgegenbringt. Und so ist man oft geneigt, sich für sie aufzuopfern, anstatt auf sich selbst achtzugeben«, erklärte ich.

»Welchen Titel trägt das Buch, an dem Sie gerade arbeiten?« fragte sie.

»*Stop Being Mean to Yourself.*«*

»Und was ist *damit* gemeint?«

Inzwischen fühlte ich mich isoliert und verfolgt, ich war wütend – und böse. Wie konnte irgend jemand – und sei es diese Sicherheitsbeamtin – nicht wissen, was damit gemeint ist? Überzeugt davon, daß sie mich absichtlich quälte, holte ich tief Luft, näherte mich ihrem Gesicht und redete auf sie ein.

»Wir leben in einer Welt voller Gehässigkeit und Niedertracht. Das bekommen wir tagtäglich zu spüren. Die Menschen sind zutiefst verängstigt. Sie haben keine Ahnung, was sie erwarten sollen. Aber das Problem ist, daß in dieser Welt, die schon gemein genug ist, viele von uns alle möglichen Wut- und Angstgefühle verinnerlicht haben und sich damit selbst weh tun. Wir sind gemein gegen uns selbst. Mein Buch ruft dazu auf, dieses Verhalten zu unterbinden.«

Sie hielt inne. Ich dachte, das Verhör sei nun beendet. Dann aber konterte sie mit einer Frage: »Und was haben die Menschen in den Ländern, wo Sie waren, damit zu tun?«

---

* Die wörtliche Übersetzung des amerikanischen Originaltitels lautet: *Sei nicht mehr gemein gegen dich selbst.*

»Wir teilen gewisse Dinge – Erfahrungen, Gefühle, Lektionen – mit allen Menschen«, sagte ich leise, »ganz gleich, wo wir leben.«

»Erklären Sie mir das bitte«, sagte sie.

Ich atmete tief durch. Das Ganze noch einmal von vorn, dachte ich.

6. KAPITEL

Shisha

Kairo, die dichtbesiedelte Hauptstadt Ägyptens und größte Stadt Afrikas, erstreckt sich vom Ostufer des Nils bis an den Rand der Sahara – der größten Wüste der Erde, die fast die gleiche Fläche wie die Vereinigten Staaten einnimmt. An diesem Ort der extremen Gegensätze zwischen alter arabischer Architektur und neuen, glitzernden Hochhäusern sind die Menschen bei der Wahl der Transportmittel auf Pferde, Kamele und Esel genauso angewiesen wie auf Busse, Autos und Flugzeuge. Trotz aller Modernität ist das seit etwa tausend Jahren bestehende Zentrum für Handel, Kunst und Kultur durch und durch vom islamischen Glauben geprägt. Obwohl sich das heutige Kairo zu einem nahöstlichen Dreh- und Angelpunkt der Massenmedien entwickelt hat, behaupten einige, der wichtigste »Exportartikel« dieser geheimnisumwobenen Wüstenmetropole sei nach wie vor das Leben nach dem Tode.

Als ich in Kairo aus dem Flugzeug stieg, wußte ich, daß der unbeschwertere Teil meiner Reise begonnen hatte. Die Bedrückung – verursacht durch den Terror und den täglichen Überlebenskampf in Algerien, durch die Armut und die Verzweiflung in Marokko – wich allmählich von mir. Nachdem ich über die Schlachtfelder Algiers geeilt war, fühlte ich mich beim Gang durch den Kairoer Flughafen fast wie zu Hause.

Für die Fahrt in die Stadt hatte ich einen Wagen bestellt; mir war mitgeteilt worden, daß die Fahrerin vor dem Terminal auf mich warten würde. Ich brauchte also nur mein Gepäck zu holen, den Zoll zu passieren und diese Frau zu finden. Während ich mich in der Schlange auf die Paßkontrolle zubewegte, fielen meine Blicke automatisch auf die riesigen Plakate, die überall an den Wänden angebracht waren. Ihre in Großbuchstaben gedruckten Hinweise sollte man keinesfalls übersehen:

WILLKOMMEN IN ÄGYPTEN. DROGENKONSUMENTEN WERDEN ENTWEDER HINGERICHTET ODER ZU LEBENSLÄNGLICHER FREIHEITSSTRAFE VERURTEILT. WIR WÜNSCHEN IHNEN EINEN ANGENEHMEN AUFENTHALT.

Okay, sagte ich mir, ich werde einen *angenehmen Aufenthalt* haben.

Ich zeigte dem Zollbeamten meinen Paß, brachte die Sicherheitskontrolle hinter mich und ging in Richtung Ausgang. Eingedenk meiner Erlebnisse im Flughafen von Algier dachte ich: Es ist so befreiend, ohne besondere Vorkehrungen zum Hotel zu fahren.

Augenblicke später flitzte ein äußerst höflicher junger Mann in Uniform auf mich zu. Er fragte, wohin ich wolle. Ich antwortete, mir sei mitgeteilt worden, daß draußen ein Auto samt Fahrerin für mich bereitstünde. Er schaute mich an, als ob ich den Verstand verloren hätte.

»Das glaube ich nicht«, sagte er.

Ich beharrte darauf, daß man mich abholen würde. Daraufhin bot er mir an, auf das Gepäck aufzupassen, derweil ich die Sache überprüfen sollte. Also trat ich auf die Straße vor dem Flughafen und blickte mich um. Da war kein Auto – und auch keine Frau, die mich suchte. Ich kehrte zu dem jungen Mann mit meinem Gepäck zurück.

»Sie ist noch nicht eingetroffen«, sagte ich. »Ich warte.«

»Ich besorge Ihnen einen Fahrer«, insistierte er.

Ich schlenderte zu der Wechselstube, um Dollar in ägyptische Pfund umzutauschen. Der junge Mann kümmerte sich um das Taxi. Inzwischen warteten fünf höfliche junge Männer bei meinem Gepäck, um mich zum Taxi zu begleiten. Jeder von ihnen berührte mindestens ein Gepäckstück, streckte dann die Hand aus und wartete auf ein Trinkgeld. Das könnte teuer werden, schoß es mir durch den Kopf, während ich in jede Hand ein paar Pfund legte.

Ich stieg ins Taxi, nannte dem Fahrer den Namen des Hotels in der Innenstadt, wo ich ein Zimmer reserviert hatte, und ließ mich in den Sitz sinken. Der Wagen fuhr los, reihte sich in den Verkehr ein. Bald saß ich wieder aufrecht.

Es gab keine Fahrbahnmarkierungen – zumindest keine, die beachtet wurden. Autos schossen auf entgegenkommende Fahrzeuge zu, fuhren entweder rechts oder links daran vorbei. Einige zwängten sich rücksichtslos zwischen den Reihen der anderen hindurch, bahnten sich einen Weg, der selbst für Motorräder zu eng war. Man bog nach links oder nach rechts ab, wann immer es einem paßte, ungeachtet der eigenen Position und des Gegenverkehrs.

Ich lehnte mich zum Fahrer vor.

»Das ist wie beim Autoskooter«, sagte ich.

Er lächelte und nickte.

Trotz des äußeren Chaos schien der Verkehr einem bestimmten Rhythmus, einer fließenden Bewegung zu gehorchen. Ich paßte genau auf, sah aber kaum Unfälle. Ich hatte das Gefühl, daß alles reibungslos vonstatten ging, lehnte mich zurück und genoß die Fahrt.

Obwohl es schon spät war – fast zweiundzwanzig Uhr –, als wir das Hotel erreichten, verspürte ich keine Müdigkeit. Irgend jemand oder irgend etwas rief mich von fern. *Später begriff ich, daß beides geschehen war.* Ich bat den Fahrer, auf mich zu warten, meldete mich an der Rezeption, ging kurz in mein Zimmer und kehrte zum Taxi zurück.

Der Fahrer, ein angespannter, dunkelhäutiger, etwa fünfzigjähriger Mann mittlerer Statur, der eine Zigarette nach der anderen rauchte, sprach eine nur schwer verständliche Mischung aus Arabisch und gebrochenem Englisch. Ich wußte nicht, wohin er mich fahren oder welche Orte man in Kairo aufsuchen sollte. Abgesehen von den Hotelreservierungen verließ ich mich bei dieser Reise ganz auf meine Spontaneität und meinen Instinkt. Also kurvten wir zunächst ziellos durch die Gegend. Im Laufe der Nacht hatte der Verkehr noch zugenommen. Die Straßen waren erfüllt von hektischer Aktivität. Bald erfaßte diese Stimmung auch mich.

Nach ungefähr zehn Minuten kamen wir in ein ruhigeres Viertel. Hier herrschte eine entspanntere, friedlichere Atmosphäre. Plötzlich sah ich ein Stück vom Nil – dem längsten Strom der Welt, der ins Mittelmeer mündet –, der mich sofort an Kleopatra denken ließ. »Ah«, sagte ich. Im gleichen Augenblick machte der Fahrer eine Kehrtwendung und fuhr in der Richtung weiter, aus der wir gekommen waren, zurück ins Chaos. Er chauffierte mich an verschiedene Stellen, aber mir schien, daß wir uns im Kreise bewegten. Schließlich deutete ich auf einen Straßenzug, ohne zu wissen, warum.

»Fahren Sie dort entlang«, sagte ich.

Er befolgte meine Anweisung. Bald lag der dichte Verkehr der Innenstadt hinter uns. Ich fühlte eine Kraft, die mich vorwärtszog.

»Fahren Sie weiter«, sagte ich.

Mit einemmal sah ich sie in der Ferne – den Horizont

überragend und mit bunten Lichtern angestrahlt für die Nachtführungen: die Spitzen der alten Pyramiden von Giseh. Jetzt war mir klar, was mich die ganze Zeit gerufen hatte.

»Genau«, rief ich. »Deshalb bin ich hierhergekommen.«

Er fuhr an den Touristenständen vorbei zu einem umzäunten Bereich hinter den Pyramiden. Ich sprang aus dem Taxi und rannte zum Maschendrahtzaun. Die drei großen Pyramiden der Pharaonen Cheops, Chephren und Mykerinos erhoben sich majestätisch aus dem Sand der Sahara. Die warmen Nachtwinde bliesen feine Sandschleier durch die Luft. Sie überzogen auch meine schwarzen Schuhe mit einer hellbraunen Schicht, während ich die Energie dieser geheimnisvollen, dem Jenseits zugewandten Monumente in mich aufnahm. Innerhalb von dreißig Minuten war ich dem höllischen Gewimmel und Lärm der Stadt Kairo entkommen und am Rande der Wüste auf eines der Sieben Weltwunder gestoßen.

Die Nase an den Zaun gepreßt, stand ich nur da und gaffte.

Soeben war ich in einen der stärksten geistigen Wirbel auf dieser Erde hineingezogen worden.

Wenige Augenblicke später aber fühlte ich einen unheilvollen Druck auf meinen Träumereien lasten. Ich drehte mich um. Drei dunkelhäutige Männer, Ende Zwanzig oder Dreißig, kamen mir bedrohlich näher und trieben mich in die Enge.

Verzweifelt suchte ich nach meinem Fahrer. Er stand etwa sieben Meter von mir entfernt und schaute zu. Ich fixierte ihn, gab ihm stillschweigend zu verstehen, daß er mir helfen solle. Er aber wich meinem Blick aus, wandte mir den Rücken zu und ging weg.

Mein Gott, dachte ich, das ist doch nicht möglich. Er überläßt mich meinem Schicksal.

Ich brachte keinen Ton heraus, konnte nicht sprechen. Meine Kehle schien wie zugeschnürt. Ich war gelähmt vor Schreck, stand wie angewurzelt, stellte mir vor, was nun geschehen würde, während die Männer immer näher rückten.

»Lassen Sie mich nicht allein!«

Ich weiß nicht mehr, ob ich die Wörter herausschrie oder telepathisch übermittelte.

Der Fahrer hörte sie.

Er hielt inne und drehte sich um. Dann betrachtete er mich mit einem äußerst seltsamen Gesichtsausdruck – als ob er einlenken oder sich umbesinnen würde. Aufgrund dieser geheimen Übereinkunft zwischen uns spürte ich den Hauch eines Wiedererkennens – eine Ahnung, fast so alt wie die Pyramiden selbst. Gerade als die Männer zuschlagen wollten, war der Fahrer blitzschnell an meiner Seite, legte mir den Arm um die Hüfte, stieß die Angreifer weg und schob mich zum Taxi.

Zwischen diesem scheuen, dunkeläugigen, ständig rauchenden Mann und mir war eine Schwelle überschritten, eine Art von Kommunikation hergestellt worden. Wir fuhren um die Pyramiden herum zurück und erreichten das Zentrum von Giseh. Dort passierten wir einige Häuserblocks mit kleinen arabischen Läden, die schon geschlossen waren, und bogen in die Sphinx Street ein. Kurz darauf überquerten wir einen großen Sandplatz und parkten an dessen Ende – direkt vor einem unauffälligen Geschäft.

Auf dem schlichten Schild im Schaufenster stand der Name: *Lotus Palace Perfumes.* Winzige, verzierte Flaschen in jeder Form und Farbe – Rosa, Rot, Gold, Grün und Violett – säumten die Fenster und Regale. Die Tür stand offen. Vor dem Geschäft saßen mehrere Männer auf einer Bank. An der gegenüberliegenden Seite des Sandplatzes, vor einem Wohnhaus, kniete ein Kamel; es kaute Heu und wirkte zufrieden, da eine Frau ihm kräftig das Fell bürstete.

Einer der Männer stand auf, schlenderte zum Taxi und öffnete meine Wagentür.

»Willkommen in Giseh«, sagte er. »Ich heiße Essam.«

Ich musterte ihn. Über seinen Hosen trug er einen langen, dunklen Rock. Er war mittelgroß, ein wenig beleibt, und sein Haar wurde dünner. Er hatte freundliche Augen, ein liebes, rundes Gesicht und eine sanfte Ausstrahlung. Ich stieg aus und gab ihm die Hand.

Wir redeten kurz miteinander. Ich erzählte ihm, daß ich aus Amerika stamme und erst eine Stunde zuvor in Kairo angekommen sei.

»Würden Sie gerne die Pyramiden sehen?« fragte Essam.

Ich antwortete: »Ja.«

»Und würden Sie gerne auf einem der Kamele da drüben reiten?«

Ich schluckte schwer, war dann aber einverstanden. »Aber es ist schon sehr spät«, gab ich zu bedenken. »Was kostet das?«

»Keine Sorge«, sagte er. »Es ist Ramadan, eine Zeit des Gebens, eine Gelegenheit, sich auf Allah zu besinnen. Am heutigen Abend reiten Sie zu den Pyramiden und fühlen deren Kräfte. Danach kommen Sie zurück und zahlen mir soviel, wie Ihnen die ganze Sache wert war.«

Er lächelte. »Viel Spaß!«

Ich schwang mein rechtes Bein über den Höcker des größten Tieres, dem ich bis dahin begegnet war, und hielt mich am Sattel fest. Das Kamel erhob sich ruckartig von den Knien, wobei ich sanft nach hinten geworfen wurde. Dann mußte ich unwillkürlich lächeln, und diese Heiterkeit blieb, während das Kamel den schmalen Durchgang beim Sandplatz entlangtrottete, eine Reihe von Geschäften passierte, einen Berg erklomm und zur Wüste hinabstieg. Ein etwa siebzehnjähriger Junge, Essams Neffe, begleitete mich auf einem Pferd.

Wir ritten bis auf hundert Meter an die Pyramiden heran und blieben stehen. Ringsum breitete sich die Sahara aus. In der Ferne berührten die glitzernden Lichter Kairos den Rand des Nachthimmels. Ich saß auf dem Kamel, ließ den Blick über die Pyramiden, die Sphinx und die Wüste schweifen. Die innere Unruhe und die Angst, die mir zuvor noch zu schaffen gemacht hatten, verschwanden. Ich fühlte mich sicher.

Nach ungefähr zwanzig Minuten kehrten wir zu Essams Laden zurück. Er erwartete mich mit einer Tasse heißen ägyptischen Tees und versicherte mir, ihn mit Mineralwasser aufgebrüht zu haben, damit ich auf keinen Fall krank würde.

Ich gab dem Jungen auf dem Pferd ein Trinkgeld, drückte Essam ein Bündel Pfundnoten in die Hand und dankte ihm. Er sagte, ich hätte ihm zuviel gegeben, und gab mir die Hälfte zurück. Wir unterhielten uns eine Zeitlang. Ich teilte ihm mit, daß ich noch nicht wisse, wie lange ich in Kairo bleiben würde, vielleicht sogar ein paar Wochen. Er betonte, daß er mir in jeder Weise behilflich sein werde. Ich versprach, am nächsten oder übernächsten Tag wiederzukommen, und bat dann den Taxifahrer, mich zum Hotel zu bringen.

Von dem Augenblick an, da ich Essam zum ersten Mal traf, war mir klar, daß er ein Lehrer und Freund sein würde.

Es dauerte rund fünfzehn Minuten, bis wir erneut ins chaotische Getriebe der Kairoer Innenstadt eintauchten. Bald erspähte ich in der Ferne mein Hotel. Wir kamen ihm näher, plötzlich aber sah ich, wie es hinter uns verschwand.

»Wohin fahren wir?« fragte ich.

»Sie trinken jetzt einen Kaffee mit mir«, erwiderte der Fahrer in bestimmtem Ton.

»Nein, danke«, sagte ich. »Setzen Sie mich vor dem Hotel ab.«

»Sie kommen mit mir«, insistierte er.

Er fuhr unter einer Brücke hindurch und parkte dann auf einem Platz, der für die zehn hier zusammengepferchten Autos viel zu klein war. Er ging zu meiner Tür, öffnete sie, nahm meine Hand und half mir auszusteigen.

»Wohin gehen wir?« fragte ich.

»Kaffee«, entgegnete er schroff.

»Ich will keinen Kaffee«, sagte ich. »Es ist zu spät ...«

Er beachtete mich gar nicht und marschierte weiter, wobei er mich an der Hand mitzog.

Wir stiegen mehrere Treppen hoch, passierten eine Fußgängerbrücke, stiegen über Treppen wieder nach unten und überquerten eine Straße. Ich war staubig von der Wüste, verwirrt, ängstlich und neugierig. Meine bis übers Knie reichenden Strümpfe waren inzwischen bis auf die Knöchel heruntergerutscht, aber da wir sehr schnell gingen, konnte ich sie nicht hochziehen. Wir bogen um eine Ecke und betraten einen Stadtbezirk, wo es keinen Autoverkehr gab. Statt dessen bevölkerten Hunderte, ja Tausende von Menschen die Straßen. Sie waren derart zusammengedrängt, daß zwischen den Körpern keinerlei Platz mehr blieb. Während sie sich weiterbewegten, berührten sie die Leute vor und hinter sich. Angesichts der Menschenmassen fühlte ich den gleichen wogenden Rhythmus, der mir schon beim Autoverkehr aufgefallen war. Der Fahrer und ich wurden mitgerissen und von der pulsierenden Kraft dieser riesigen, sich windenden Schlange fortgetragen.

Auf den Bürgersteigen befanden sich unzählige alte Läden, die teilweise übereinander »gestapelt« waren. Ich entdeckte Silberschmiede, Fruchtstände, die überquollen von Datteln und Orangen, Kleider, Teppiche, jede Art von ägyptischen Erzeugnissen und Nahrungsmitteln, die man sich nur vorstellen kann. Es mußte nach Mitternacht sein, und trotzdem waren alle Geschäfte geöffnet. Auf meiner Reise durch die arabische Welt sah ich zum ersten Mal Frauen zusammen reden, flanieren, einkaufen. Einerseits wollte ich die Geschäfte mit ihren farbenprächtigen Auslagen betrachten, andererseits meinen Platz in der Menge leidenschaftlich verteidigen. Irgend jemand kniff mir in den Hintern. Ich durfte nicht anhalten, sonst wäre ich niedergetrampelt worden. Also schaute ich über meine Schulter. Ein geschrumpfter, grauhaariger Mann, nicht größer als eins zwanzig und gewiß schon achtzig Jahre alt, grinste mich an. Er hatte keine Zähne mehr. Ich warf ihm einen zornigen Blick zu und drehte mich wieder um.

Plötzlich dämmerte es mir. Natürlich, dachte ich. Das ist der *Suk*.

Ich erinnerte mich daran, was der Mann im Reisebüro über die Suks gesagt hatte, jene geheimnisvollen Basare der arabischen Welt. »Sie erstrecken sich über mehrere Kilometer. Die Leute leben darin. Dort werden sie geboren, dort verbringen sie ihren Alltag, und dort sterben sie auch. Seien Sie vorsichtig! Es kann passieren, daß man hineingeht und nie wieder herauskommt.«

»Ist das der Suk?« schrie ich meinem Fahrer zu, wobei ich die Worte langsam genug aussprach, damit er mich verstand, und laut genug, um trotz des lärmenden Treibens überhaupt gehört zu werden.

Er nickte. »Der Suk«, sagte er.

Wir schritten eine Ladenreihe nach der anderen ab und drangen, von der ungestümen Menge vorwärtsgetrieben, immer tiefer in den Suk ein. Schließlich lotste mich der Fahrer aus dem Gewühl und stieg vor mir die Treppe zu einem kleinen Laden im zweiten Stock hinauf. Dort führte er mich an den Waren entlang auf einen Balkon. Er holte einen Stuhl unter einem Tisch hervor und sagte: »Setzen Sie sich.«

Ich wollte meine Strümpfe hochziehen, wußte aber nicht, wie, weil sie ganz heruntergerutscht waren.

Also setzte ich mich. Der Fahrer nahm neben mir Platz. Einige Minuten später kam ein Kellner zu uns. Er schien meinen Begleiter zu kennen. Eine Zeitlang unterhielten sie sich auf arabisch. Dann schleppte der Kellner die größte, am reichsten verzierte auf dem Boden stehende Wasserpfeife – oder *hookah* – herbei, die ich je gesehen hatte.

Fachmännisch entzündete der Fahrer die Kohlen, tat einen tiefen Zug und reichte mir den Schlauch.

Ich schaute mich auf dem Balkon um. Es gab noch vier oder fünf weitere kleine Tische, die fast ausschließlich von Männern besetzt waren. Alle rauchten Wasserpfeife. O mein Gott, dachte ich. Ich werde unter Drogen gesetzt und gekidnappt! Jetzt geht's mir an den Kragen. Ich seh's kommen. Man hat mich in eine ägyptische Opiumhöhle verschleppt.

Ich wollte auf dieser Reise unsichtbar sein, aber ich wollte nicht für immer verschwinden.

Zum zweiten Mal an diesem Abend befiel mich lähmendes Entsetzen. Und wie schon am Zaun vor den Pyramiden fühlte ich eine tiefinnere, uralte Regung, die mich nun daran erinnerte, daß ich machtlos war, unfähig zu sprechen, außerstande, mich zu verteidigen.

Moment mal, dachte ich. Ich bin eine siebenundvierzigjährige Frau. Selbst wenn sie mich festhielten: Was sollten sie von mir wollen oder mit mir tun?

Ich entspannte mich kurzzeitig, dann aber fielen mir die Hinweise im Flughafen wieder ein: DROGENKONSUMENTEN WERDEN ENTWEDER HINGERICHTET ODER ZU LEBENSLÄNGLICHER FREIHEITSSTRAFE VERURTEILT. Egal, was hier gespielt wird, überlegte ich, es sieht nicht gut aus. Ich muß hier raus. Diese Sache ist gefährlich.

Ich schaute den Fahrer an. Er erwiderte meinen Blick, offerierte mir immer noch den Schlauch der Wasserpfeife und wartete. Meine Stimme versagte. Meine Hände waren feucht von Schweiß. Ich konnte mich nicht von der Stelle rühren.

Zu Hause träumte ich einmal, ich sei allein in einem Haus, in das man einbrechen wollte. Eine der Türen war nicht gesichert und konnte mühelos geöffnet werden. Draußen standen drei Einbrecher, die die Ausführung der

Tat besprachen. Ich sah sie deutlich vor mir. Ich hörte sie. Aber ich konnte weder etwas sagen noch wegrennen. Ich fühlte mich hilflos und bekam es mit der Angst zu tun. Geistesgegenwärtig nahm ich den Telefonhörer ab und wählte 911, die Notrufnummer. Keine Antwort. Das Klingelzeichen ertönte in einem leeren Zimmer. Ich legte auf und beobachtete, wie sich die Täter darauf verständigten, durch die ungesicherte Tür nach innen zu gelangen. Sie machten sich lustig über all den Schaden, den sie im Haus anrichten würden. In meinem Traum nahm ich – genauso wie bei den Pyramiden und jetzt im Suk – die Beobachterrolle ein und war mir des nahenden Unheils deutlich bewußt, aber außerstande, die Stimme zu erheben oder mich zu schützen. »Hilfe«, rief ich plötzlich im Traum, zunächst nur leise, dann lauter. Schließlich schrie ich so laut um Hilfe, daß ich dadurch wach wurde und meinen Papagei aufschreckte. Als ich kurze Zeit später im Wohnzimmer saß und den Traum zu deuten versuchte, konnte ich immer noch den Widerhall meines schrillen Schreies hören.

Einige Tage später hatte ich, immer noch zu Hause, einen ähnlichen Traum. Darin betrat eine Frau unangemeldet mein Haus. Ich wußte, daß sie in böser Absicht gekommen war. Ich wollte sie nicht dahaben, aber sie spazierte einfach herein, als ob das ihr gutes Recht wäre. Wieder schaute ich nur zu, sprachlos, wie gelähmt. Endlich brachte ich den Mut und die Kraft auf, den Bann zu brechen und die Wörter auszusprechen, die mir im Halse steckten. »Hinaus!« schrie ich endlich, so daß ich erneut aus dem Schlaf auffuhr. »Hinaus!«

Die Träume zu Hause führten mich dann zurück in die

Kindheit und zu einem von mehreren Ereignissen, die ich lieber nur geträumt hätte. Im Alter von zwölf Jahren betätigte ich mich oft als Babysitterin bei unseren Nachbarn – unter anderem bei einem angesehenen, freundlichen Ehepaar mit drei kleinen Kindern. Ich mochte ihr Zuhause. Es war nicht außergewöhnlich, aber doch hübsch und sauber. Ich mochte auch die Kinder. Außerdem zahlten sie fünfzig Cent pro Stunde, was für mich damals viel Geld war. An einem Silvesterabend, als ich auf die Kinder aufpaßte, kamen die Eltern erst spät zurück. Bei ihrer Ankunft lag ich schlafend auf der Couch. Sie weckten mich, und die Frau verschwand bald im Schlafzimmer. Es war schon sehr spät, und ich war zu müde und zu jung, um zu merken, daß der Mann übermäßig viel getrunken hatte – daß er mich keinesfalls heimfahren durfte. An der Ecke, wo ich wohnte, bog er nicht ab, sondern fuhr einfach weiter. Nach einigen Blocks parkte er, um sich sogleich auf mich zu stürzen und mir die Kleider vom Leib zu reißen. »Halt!« wollte ich schreien. »Lassen Sie mich! Hören Sie auf!« Ich konnte es nicht. Diese Wörter blieben mir im Halse stecken. Ich lag starr da, bis er fertig war, den Reißverschluß seiner Hose zuzog und mich daheim absetzte.

Auf dem Balkon des kleinen arabischen Geschäftes im Herzen des Kairoer Suks zwang ich mich jetzt, die Wörter durch den gleichen Kloß im Hals zu pressen. Sie gluckerten erst schwach hervor, wie Wasser, das aus einem rostigen Hahn fließt. Aber immerhin kamen sie.

»Haschisch?« fragte ich, auf die Wasserpfeife deutend. »Ist da Haschisch drin?«

Der Fahrer betrachtete mich, lehnte sich zurück und fing an zu lachen. »Haschisch? Aber nein!« sagte er. »Kein Haschisch. *Shisha.*«

»*Shisha*?« fragte ich.

»*Shisha*«, antwortete er.

»Was ist *shisha*?« wollte ich wissen.

»Ägyptischer Tabak. In Honig getränkt. Nehmen Sie einen Zug *shisha*«, sagte er. »Er ist gut.«

»Tabak?« hakte ich nach. »Das ist da drin?«

»*Shisha*«, versicherte er. »Probieren Sie mal.«

Ich schaute zu den anderen Leuten auf dem Balkon. Diesmal musterte ich sie genauer. Alle tranken Fruchtsaft oder Tee. Ich überflog die Speisekarte an der Wand, versuchte, die Wörter zu lesen. Tatsächlich: Ich befand mich in einer Fruchtsaft-Bar, der ägyptischen Variante eines Naturkostladens. Der einzige Unterschied bestand offenbar darin, daß man hier die Säfte mit Wasserpfeife und Tabak servierte. Ich schnupperte am *shisha*. Er roch gut, wie reiner Pfeifentabak. Ich hatte Lust, einen Zug zu machen, dachte dann aber an meine Erfahrung mit der Milch in Marokko und ließ es lieber bleiben. Mein Bauch tat immer noch weh. Ich bestellte einen Mangosaft und lehnte mich zurück.

Vor zehn Jahren wollte mir eine medial veranlagte Zigeunerin, die ich damals kannte, einige wichtige Botschaften übermitteln. Unter dem klirrenden Geräusch ihres Schmucks holte sie eine Kristallkugel hervor. Während sie hineinstarrte, wurde ihr Blick ganz glasig. Kurz darauf schaute sie mir in die Augen und verkündete feierlich ihre übersinnliche Wahrnehmung.

»Ich sehe – es wird mir mitgeteilt –, daß du dich nicht wirklich liebst«, raunte sie.

»Sag mir etwas, das ich noch nicht weiß«, erklärte ich ihr.

Obwohl ich wahrscheinlich nicht in Howard Sterns Ruhmeshalle der Selbsthasser kommen würde, wußte ich doch, daß ich ihr in gewissen Augenblicken nah war. Ich kannte Anfälle von Selbstverachtung, Angst und manchmal auch blankem Selbsthaß. Ich neigte im gleichen Maße dazu, mich selbst zu betrügen und zu verraten, wie ich den anderen erlaubte, mich in ebendieser Weise zu behandeln. Aber was das anging, sah ich zwischen mir und den meisten Menschen keinen großen Unterschied.

Die Bemerkung der Zigeunerin verfolgte mich jahrelang, war wie ein Fremdkörper in meiner Psyche verwurzelt. Trotzdem mußte ich ihr zustimmen; vermutlich liebte ich mich nicht in der Weise, wie es notwendig gewesen wäre. Ich liebte mich, so gut ich konnte, mit jenem Gefühl, das mir vertraut war.

Rückblickend betrachtet, habe ich damals wohl begonnen, die Selbstliebe zu verklären und in ein Ideal zu verwandeln. Ich suchte nach ihr, als sei sie der Heilige Gral – ein verborgener Schatz, immer ein wenig außer Reichweite, aber doch ein erstrebenswertes, edles Ziel. Ich glaubte, sie sei ein genauso statischer Zustand wie die Volljährigkeit – sobald ein Mensch achtzehn ist, ist er für alle Zeit mündig. Ich stellte mir vor, wie eine von diesen klischeehaften Ehefrauen aus der Fernsehserie herumzurennen, mich selbst immer zu lieben, keine weiteren Gefühle zu empfinden, keine Qualen zu leiden – ja, mir einfach nur überschwengliche, vorbehaltlose (und ich könnte hinzufügen: *abstoßende*) Liebe entgegenzubringen. Aber diese Beschreibung würde nie auf mich zutreffen. Im Laufe der Jahre gelangte ich zu der Überzeugung, daß die Zigeunerin recht hatte. Ich liebe mich nicht.

Es ist besser für mich, keine Wahrsager mehr zu konsultieren – nicht, weil sie schlecht wären, sich irrten oder böse Dinge täten, sondern weil ich für ihre Aussagen zu empfänglich bin. Fast leichtfertig übergebe ich meinen Goldball der Kraft jener Erscheinungen, die ich sehen kann. Ich bin eine wandelnde Zielscheibe für unsichtbare Wesen und für Menschen, die behaupten, mit geheimen Kräften in Verbindung zu stehen. Außerdem habe ich genügend falsche Vorstellungen in bezug auf mich selbst – zumal in Sachen Liebe –, die aufgedeckt werden müssen.

Beim Aikido, der Kampfsportart, die ich einübe, lernt der Schüler, stark und zugleich sanft, entspannt und doch hellwach und spontan zu sein. Das Wort »Aikido« bezeichnet »die Methode, sich selbst mit dem Geist und der Energie des Weltalls in Einklang zu bringen und zu vereinigen«. Wer diese Technik beherrschen will, muß sich ein ganzes Leben lang mit ihr auseinandersetzen. Man kann immer wieder Fortschritte machen. Das Licht im Goldball der Kraft, den jeder von uns im Solarplexus trägt, läßt mit zunehmendem Alter nicht nach. Im Gegenteil: Es wird stärker, je länger der Schüler bestimmte Übungen – Rolle vorwärts, Rolle rückwärts, bewußtes Atmen – ausführt und je mehr Fähigkeiten er sich aneignet. Einmal erzählte mir mein Lehrer, daß O Sensei, der Begründer des Aikido, seine hohe Kunst bis zu dem Tag demonstriert habe, an dem er starb. Der Meister verließ sogar das Bett im Krankenhaus und stellte kurz vor seinem Tod die eigene Virtuosität noch einmal unter Beweis.

Diese Vorstellungen haben meine Ideale in bezug auf Selbstliebe inzwischen ersetzt oder zumindest relativiert. Man muß jeden Tag etwas dafür tun, daß man sich selbst liebt. In Einklang zu leben mit der eigenen Person sowie mit dem Geist und der Energie des Weltalls ist eine Kunst, eine Fähigkeit, die es zu entwickeln gilt. Wenn wir bestimmte Techniken – etwa das bewußte Atmen – trainieren, können wir ein Leben lang Fortschritte machen. Unser Goldball der Kraft wird dann immer heller leuchten.

Irgendwo zwischen bitterem Selbsthaß und überzogenem Narzißmus, der uns fälschlicherweise glauben läßt, daß wir unangreifbar seien und am besten wüßten, was jeder andere zu tun hat, liegt der heilige Ort der Selbstliebe. Er ähnelt einem Tor, einem Durchgang. Wie wir ihn erreichen, ist ebenso ein Geheimnis wie seine Kraft, uns tiefer ins Innere zu führen.

Auch wenn manche behaupten, Angst, Haß und Verachtung seien der Liebe völlig entgegengesetzt, betrachte ich das Leben nicht mehr als eine bloße Ansammlung von Dualitäten. Vielmehr gehe ich davon aus, daß Angst, Haß und Verachtung – ja selbst solche Augenblicke der Selbstverachtung, die uns die Kehle zuschnüren und die Stimme rauben – nur Hindernisse für uns darstellen, eben damit wir sie überwinden und zu jenem heiligen Ort vordringen.

Der Energiewirbel in Kairo hatte mich während der ersten Stunden meines Aufenthalts erst an den Nil, dann vor die alten, mysteriösen Pyramiden und die Sphinx und schließlich zu Essam und in den Suk geweht. Zugleich aber hatte er mich in meine eigene Gefühls- und Gedankenwelt zurückgebracht. Als ich auf dem Balkon des arabischen Naturkostladens saß und an meinem Mangosaft nippte, war die Botschaft klar. *Wenn sich das Leben – faktisch oder nur in der Einbildung – gegen dich wendet, dann räuspere dich. Erhebe die Stimme. Sprich mit jemandem, der dir wohlgesonnen ist. Und lerne vor allem, zu dir selbst zu sprechen.* Die Weisheit vergangener Zeitalter mag in den Grabkammern von Giseh verborgen sein, aber sie ruht auch tief in jedem von uns.

Ich schaute hinunter auf das rege Treiben. In diesem Moment sah ich ihn auf der gegenüberliegenden Straßenseite. Schon auf dem Weg hierher war er mir inmitten der Menge aufgefallen. Nun faszinierte mich seine Persönlichkeit noch mehr. Ich zeigte auf den Mann, zog dann am Arm des Fahrers, damit er den Schlauch der Wasserpfeife weglegte.

»Wer ist das?« fragte ich. »Und was macht er?«

ICH LIESS DEN BLICK DURCH DIE HALLE des Flughafens in Tel Aviv schweifen, wo ich mich gerade befand. Die vielen Passagiere waren inzwischen fast alle verschwunden. Die japanische Reisegruppe hatte die Sicherheitskontrollen passiert. Ich aber saß wegen der spitzfindigen Methoden der Vernehmungsbeamtinnen erneut fest.

Meine Handflächen waren feucht. Ich fühlte mich ängstlich, verfolgt und eingesperrt. Schon lange war ich nicht mehr derart in Bedrängnis geraten. Was sollte ich tun? Ich konnte nicht sagen »Ich hab' keine Lust, darüber zu reden« und einfach weggehen. Das war kein Interview mit Pressevertretern und auch keine Diskussion mit einem gereizten Liebhaber.

Mir blieb nichts anderes übrig, als meine Geschichte weiterzuerzählen.

7. *KAPITEL*

Der Sandplatz

Am nächsten Tag kehrte ich zu den *Lotus Palace Perfumes* zurück und traf Essam wieder.

Das Geschäft hatte Essams Vater gehört, bis dieser starb. Jetzt wurde es von Essam und seinem Bruder geführt. Sie waren sanfte Männer und fromme Muslime. Obwohl die Fastenzeit des Ramadan während meines gesamten Aufenthalts in Ägypten andauerte, achtete Essam darauf, daß ich jeden Tag etwas zu essen bekam. Durch die Frauen in seinem Haus ließ er oft ein typisch ägyptisches Mittagsmahl zubereiten, das die Kinder dann in den Laden brachten: einen Laib Brot, verschiedene Käsesorten, Datteln, heißen, mit Mineralwasser aufgebrühten Tee und hinterher Früchte – eine Orange oder eine Mandarine –, um die Mahlzeit zu beenden und den Gaumen zu reinigen.

Abends lud Essam mich manchmal ein, mit ihm und seinen Freunden, die aus Giseh herbeigekommen waren, das Fasten durch ein leckeres Mahl zu unterbrechen. Die Männer waren inzwischen ausgehungert. Die Jungen schleppten hastig Platten mit Huhn, Reis und anderen ägyptischen Spezialitäten von dem großen Haus nebenan in den Laden. Bald verwandelte sich dieser in ein Speisezimmer. Und so schmausten wir, indes Essam die Platten an seine Gäste weiterreichte und darauf bestand, daß wir jede Speise kosteten.

Das eigentliche Leben spielte sich jedoch draußen ab auf der Holzbank vor dem Geschäft. Hier versammelten sich während des Tages und bis spät in die Nacht hinein die Männer. Die Jungen dagegen spielten auf dem Sandplatz, ritten dort auf Pferden oder Eseln. Bisweilen sah ich eine Frau, die einem Kamel kräftig das Fell bürstete, sonst aber bekam ich kaum weibliche Wesen zu Gesicht. Dann wieder schob Essam den Tisch mit dem kleinen Schwarzweißfernseher ins Freie und stellte ihn vor die Bank. Männer und Knaben gruppierten sich darum und verfolgten die Sendungen.

Obwohl ich zuerst in Kairo, dann in Giseh ein Hotelzimmer bewohnte, wurde der staubige Sandplatz mit den jungen und alten Männern, den Kamelen und Pferden, dem Brot und dem Käse – und manchmal auch mit dem Schwarzweißfernseher – zu meinem ägyptischen Zuhause.

Als das Taxi einen Tag nach meiner Ankunft mit quietschenden Bremsen und Staub aufwirbelnd vor dem Laden stoppte, eilte Essam sofort zu meiner Wagentür. Als ich dem Fahrer den geforderten Preis zahlen wollte, blickte Essam finster drein, schüttelte den Kopf und zog mich beiseite.

»Er hat Ihnen zuviel abgenommen«, sagte er. »Zahlen Sie nie den Betrag, der von Ihnen verlangt wird. Bei uns ist es Ehrensache, jeden Preis auszuhandeln. Sie werden erst dann respektiert, wenn Sie dieses ungeschriebene Gesetz einhalten. Geben Sie ihm die Hälfte von dem, was er haben will. Nicht mehr«, bekräftigte Essam.

Ich tat, wie er mir geraten hatte, und so waren wir beide zufrieden. Auch der Fahrer zeigte sich schließlich einverstanden.

Der Taxifahrer von der Nacht zuvor hatte mir über den Mann im Suk erzählt, der eine so faszinierende Ausstrahlung besaß.

Ich hatte ihn das erste Mal in den überfüllten Straßen gesehen. Eigentlich war mir zunächst nur sein langer dünner Stock aufgefallen, der durch die Luft wirbelte und bestimmten Leuten auf Kopf und Schulter klopfte.

Als nur wenige Meter von mir entfernt ein zwielichtig aussehender junger Mann einen Schlag abbekam, fuhr ich zusammen und duckte mich. Das wird brenzlig, dachte ich. Ich fragte mich, ob ich als nächste drankäme, aber eine innere Stimme sagte mir, daß ich keine Angst zu haben bräuchte.

Als ich später vom Balkon in der Fruchtsaft-Bar auf die Menge hinunterschaute, nahm ich den Mann mit dem Stock deutlicher wahr. Er saß auf einem hohen Hocker an der Ecke einer belebten Kreuzung, so daß er die Köpfe der vorüberziehenden Menschen ein wenig überragte. Wie hypnotisiert beobachtete ich ihn. Anfangs schien es, als würde er mit seiner Rute wahllos zuschlagen. Bald aber nahm ich in seinen

Schlägen einen bestimmten Rhythmus wahr, die gleiche wirre und doch regelmäßige Kadenz, die mich schon im Kairoer Straßenverkehr beeindruckt hatte.

»Er haut die schlechten Menschen«, erklärte der Fahrer sachlich, als ich seinen Arm ergriff und ihn bat, mir etwas über diesen geheimnisvollen Mann zu sagen. »Es gibt da draußen üble Typen«, fuhr er fort. »Sie stehlen. Sie rauben Menschen aus. Wenn der Mann mit dem Stock zuschlägt, wissen die Leute, wer die Bösen sind; außerdem gibt er denen damit zu verstehen, daß sie aufhören sollen.«

Ich fragte den Fahrer, ob der Mann für die Polizei arbeite, aber er verneinte. Sofern ich sein gebrochenes Englisch richtig deutete, handelte es sich hierbei um eine Mission in eigener Sache. Und als ich nachhakte, woher der Mann mit dem Stock denn wüßte, wer böse sei und wen er schlagen müsse, sagte der Fahrer nur: »Er weiß es.«

Ich brauche auch so einen, dachte ich sofort. Ich brauche einen Stock.

Mit genau diesem Thema hatte auch der Bürgerkrieg gegen mich selbst zu tun gehabt. Ich schrieb vielen Leuten – und manchmal auch den falschen – edle Motive zu, die von Liebenswürdigkeit, Großzügigkeit und Wohlwollen geprägt waren. Dieses »Glaubenssystem« erzeugte aber keine freundliche und schöne Welt, sondern öffnete den böswilligen Menschen Tür und Tor.

An den folgenden Tagen meines Aufenthalts sollte ich feststellen, daß in Giseh eine ganze Reihe von Männern und Jugendlichen einen Stock bei sich hatten. Oft benutzten sie ihn beim Reiten dazu, das Pferd, den Esel oder das Kamel in eine bestimmte Richtung zu lenken. Aber mit der Zeit begriff ich, daß er mehr war als nur ein notwendiges Werkzeug – nämlich ein Symbol des Schutzes und der Macht.

Vor Jahren, als ich allmählich lernte, Grenzen zu setzen und nein zu sagen – *als ich mir in Gedanken einen Stock zulegte* –, dachte ich, dieses Verhalten nur kurzzeitig einüben zu müssen. Ich nahm an, daß aufgrund meiner Persönlichkeitsentwicklung die Situationen, in denen ich einen Stock bräuchte, allmählich weniger werden und schließlich ganz aufhören würden. Aber auf jeder neuen Stufe ergaben sich zahlreiche ungewohnte Situationen, die verlangten, daß ich wieder den Stock einsetzte. Einige von ihnen hingen eindeutig mit Manipulation, Täuschung oder Drogenmißbrauch zusammen. Sie waren relativ leicht zu durchschauen und zu bewältigen. Viele andere Situationen jedoch waren weitaus komplizierter. Zwar wiesen sie ein ähnliches »Energiemuster« auf – ich kam aus dem Gleichgewicht und war verwirrt; etwas stimmte einfach nicht, so daß ich daran zweifelte, ob ich mir selbst überhaupt trauen konnte, und nicht wußte, was als nächstes geschehen sollte. Aber es war häufig schwieriger, sie zu erkennen, und strapaziöser, mit ihnen fertig zu werden.

Darauf war ich nicht vorbereitet gewesen. Erst nach einiger Zeit verstand ich, daß ich besser aufpassen mußte. Ob Ladenbesitzer oder Heiler oder Liebhaber

– im persönlichen wie im beruflichen Leben gibt es eine Fülle von Personen, die stets bereit sind, ihren bösen Zauber auf jemanden auszuüben, sofern man nichtsahnend vorübergeht und keinen Stock dabei hat.

Es heißt, daß Jeanne d'Arc ihre Krieger dazu anhielt, vor der Schlacht auf die Knie zu fallen, ihre Sünden zu bekennen und die Seele zu läutern. Vielleicht wußte sie instinktiv, daß jedes hartnäckige, ungelöste Schuldgefühl die Seele verunreinigen und die Kraft des Kämpfers schwächen würde.

Beim Aikido erlernt der Schüler die Fähigkeit, negative Energie an den Menschen zurückzusenden, der sie ausgesandt hat. Die Kunst besteht darin, sich den Dingen nicht zu widersetzen. Gewalt und hektische Aktivität sind keinesfalls mit wahrer Stärke zu verwechseln. Man muß stets wachsam und konzentriert sein – frei von zwanghaften Vorstellungen –, und bewußt wahrnehmen, was vor und hinter einem geschieht.

Als ich mit dem Aikido anfing, war ich zunächst – und eine ganze Zeitlang – verwirrt. Jedesmal, wenn mein Lehrer oder ein anderer Schüler beim Training auf mich losging, schaute ich ihn an und sagte: »Was soll ich tun? Ich weiß nicht, was ich tun soll.«

Mein Lehrer gab keine Antwort. Er ist davon überzeugt, daß der Schüler am meisten lernt, wenn er sich mit seiner Verwirrung auseinandersetzt und selbst zu den wesentlichen Einsichten gelangt. Ich wurde verbogen, gezerrt, geschubst, zu Boden geworfen und manchmal auch geschla-

gen – und reagierte nicht. Nach Monaten, in denen ich alles mit mir machen ließ, dämmerte es mir plötzlich.

»Endlich habe ich herausgefunden, was ich tun muß, wenn jemand mich angreift«, sagte ich eines Tages zu meinem Lehrer.

»Was?« fragte er.

»Mich ducken«, erwiderte ich.

Beim Sandplatz vor seinem Haus fragte mich Essam, was ich an diesem Tag vorhätte. Zu meiner Überraschung beschloß ich, mit dem Pferd auszureiten. Das hatte ich noch nie gemacht. Als ich etwa drei Jahre alt war, hatte mich ein Verwandter auf ein Pferd gesetzt. Dieser Hengst sah so riesig aus. Ich purzelte sofort herunter. Durch den Sturz blieb mir die Luft weg, und das tat weh – wie wenn man plötzlich einen Schlag auf den Solarplexus bekommt. Die Verwandten standen herum und lachten, während ich mich stöhnend am Boden wälzte und mit aller Macht die Tränen zu unterdrücken versuchte. Von da an bestieg ich nie wieder ein Pferd – außer es war aus Holz geschnitzt und schön bemalt und drehte sich auf dem Jahrmarktskarussell im Kreise.

Jetzt aber schwang ich mein Bein an der Flanke des Pferdes hoch und saß auf, als ob ich schon mein Leben lang geritten wäre. Der Sattel bestand aus mehreren alten Decken, die auf den Rücken des Pferdes gebunden waren. Essams Neffe, der mich zu den Pyramiden begleitet hatte, ritt wieder neben mir. Wir begannen in leichtem Trab und erklommen vorsichtig die felsigen

Hügel. Als die flache Weite der Wüste vor uns lag, wechselten wir die Gangart und galoppierten durch den Staub. Ich lehnte mich nach vorn, ritt so schnell es nur ging. Die Februarluft wehte mir kühl ins Gesicht.

Ich fühlte mich stark und frei.

Nach ungefähr einer Stunde erreichten wir einen Steinhaufen und stiegen ab. Ich setzte mich in den Sand, lehnte mich an die Felsen und trank aus der Wasserflasche, die ich in meinem Rucksack verstaut hatte.

»Haben Sie einen Mann?« fragte mich der Jüngling.

»Nicht mehr«, antwortete ich. »Ich bin geschieden.«

»Sie sollten nach Ägypten kommen und hier leben«, sagte er. »Dann könnten Sie mehr als einen Mann haben.«

Ich schaute ihn verwundert an. »Frauen können hier mehrere Männer haben?«

»O ja«, erwiderte er.

»Und was ist mit den Männern? Haben sie mehrere Frauen?«

»Ja.«

»Ich glaube, Sie bringen da etwas durcheinander«, warf ich ein. »Sie sagen mir, daß Frauen mehrere Männer und Männer mehrere Frauen haben und daß jeder das als sinnvoll erachtet und glücklich ist?«

Der junge Mann lächelte. »Genau. Sie sollten hierher kommen. Sie würden es mögen.«

Ich lachte.

»Wahrscheinlich schon«, sagte ich.

Wir stiegen wieder auf unsere Pferde und ritten zum Laden zurück.

Essam hielt eine Mahlzeit für mich bereit. Er selbst aß nichts; es war Ramadan und noch Tag. Wir saßen draußen auf der Bank und redeten, während ich mich stärkte. Ich war so hungrig, daß es mir kaum Schuldgefühle bereitete, in seiner Gegenwart zu schlemmen.

Nach dem Essen schaute ich mich nach einer Toilette um. Im Laden war anscheinend keine. Essam bestätigte dies und meinte, daß die Touristen ins Dorf gingen und die dortigen sanitären Einrichtungen aufsuchten. Aber ich könne gerne die Toilette in seinem Haus nebenan benutzen.

Ich ging hinter ihm am Laden vorbei, dann über einen Hof, der mit Kinderspielzeug übersät war, bis wir vor der Tür eines weiträumigen, einstöckigen Gebäudes standen. Es sah neu und ziemlich modern aus. Essam sagte mir, daß die Leute im Dorf sein Haus als »Villa« bezeichneten. Er lebte darin mit seiner Tante, seinen Schwestern, seinem Schwager und deren Kindern. Er forderte mich auf, einzutreten und nach rechts zu gehen, dann würde ich direkt auf die Toilette stoßen. Tatsächlich aber kam ich in ein Labyrinth aus Räumen und erreichte dann eine Reihe von Zimmern, von denen jedes wie ein Teil des Badezimmers oder der Toilette aussah. Im ersten winzigen Zimmer befand sich ein Waschbecken. Aber mir schien fast, als würde da kein Wasser fließen. Im nächsten Zimmer ragte ein Hahn aus der Wand. Offenbar war das die

Dusche. Daneben war die Toilette. Hier stand eine große Wasserschüssel mit einer hölzernen Schöpfkelle fürs Nachspülen.

Von der Toilette aus ging ich durchs Haus zurück, schlug aber versehentlich die falsche Richtung ein. Plötzlich stand ich in einem Zimmer voller Frauen. Sie saßen auf Teppichen und Kissen, die über den Boden gebreitet waren, und schauten fern. Alle trugen lange bunte Kleider. Ich lächelte. Eine der Frauen, die in der Mitte hockte, gab mir ein Zeichen, mich neben sie zu setzen.

Sie sprachen nicht Englisch, und ich sprach nicht Arabisch. Also saßen wir einfach nur da. Ihre Augen leuchteten. Sie schienen sehr froh zu sein, jemanden bei sich zu haben. Aber nach einer Weile wurde ich etwas nervös. Ich wußte nicht, was ich tun sollte, und sie wollten nicht, daß ich wegging. Schließlich trat Essam ins Zimmer.

Er redete kurz mit ihnen und wandte sich dann mir zu.

»Die Frauen mögen Sie«, sagte er.

Als wir zur Bank am Sandplatz zurückkehrten, erzählte ich Essam von dem Gespräch mit seinem Neffen und fragte ihn, ob es stimme, daß Frauen mehrere Männer heiraten dürfen.

Essam schüttelte den Kopf. »Nein«, sagte er. »Das stimmt nicht. Frauen dürfen nur einen Mann haben; Männer aber können sich bis zu vier Frauen nehmen.«

»Und gibt es so etwas wie Scheidung?« fragte ich.

»Kann sich eine Frau von ihrem Mann trennen, wenn sie unglücklich ist oder wenn beide gravierende Probleme miteinander haben?«

Essam schüttelte erneut den Kopf. »Nein. Die Frau kann sich von ihrem Mann nicht scheiden lassen. Nur der Mann hat das Recht, seine Frau zu verlassen.«

»Das ist ungerecht«, erwiderte ich. »Die Frau zieht den kürzeren.«

Ein bedrückendes Schweigen erfüllte die Luft.

»In diesem Land ist es besser, nicht als Frau geboren zu werden«, sagte Essam schließlich. »Es fängt schon bei der Geburt an. Alle stehen herum und wollen wissen, ob es ein Junge oder ein Mädchen ist. Wenn sie dann herauskommen und verkünden, daß es ein Junge ist, veranstaltet man ein Feuerwerk. Die Leute jubeln und feiern. Doch wenn sie herauskommen und mitteilen, daß es ein Mädchen ist, herrscht Totenstille. Niemand sagt etwas. Die Leute tun so, als hätten sie nichts gehört. Sie drehen sich um, gehen weg und wenden sich ihrer gewohnten Tätigkeit zu.«

Während ich den Ausführungen Essams über die ägyptischen Frauen lauschte, verspürte ich erneut dieses leichte Ziehen im Innern – wie schon am ersten Abend bei den Pyramiden. Lange Zeit in meinem Leben hatte ich mich insgeheim darüber geärgert, eine Frau zu sein, und über die ungleichen Machtverhältnisse – nicht nur zwischen den Geschlechtern, sondern zwischen den Menschen überhaupt. Oft hatte ich den Eindruck, daß bestimmte Personen aufgrund ihres

Titels, ihrer gesellschaftlichen Stellung oder ihres Geschlechts Macht besitzen, also privilegiert sind, während andere sehr hart arbeiten müssen, um die gleiche Position zu erlangen – oder der Welt beziehungsweise sich selbst ihre Stärke zu beweisen. Stillschweigend hatte ich aufbegehrt gegen die Zwänge, die mich quälten – gegen die Erwartungen, die Beschränkungen und den ständigen Druck, meine Stärke zu beweisen. Denn Macht wird immer nur wenigen Menschen zuteil, ganz gleich, ob sie dazu das Recht haben oder nicht.

Auf dem Sandplatz sitzend, begriff ich allmählich, daß einige unserer Überzeugungen in bezug auf Macht »vorgefertigt« sind, daß sie uns in frühester Jugend mitgegeben werden – manchmal schon bei der Geburt und manchmal sogar davor. Ebenso verhält es sich mit unseren Beschränkungen – etwa wenn wir nicht auf einem Pferd reiten können.

Die Vorstellung, daß andere Macht haben, ich aber nicht, enervierte mich.

Ich überlegte, in welchen tiefen Schichten mein Zorn wurzelte, ob er nicht älter war als ich selbst.

Es hatte viele Jahre gedauert, bis mir klar wurde, daß auch ich Macht besaß. Und es hatte noch länger gedauert, bis ich verstand, sie einzusetzen. Oft verwirrte mich die Frage, was mir in einer bestimmten Situation zu Gebote stand und was nicht. Als mein Sohn starb, fühlte ich mich so ohnmächtig, daß ich mir meiner Stärke überhaupt nicht mehr bewußt war. In dem

Augenblick, da mir der Arzt mitteilte, es gebe für Shane keine Hoffnung, schluckte ich meine Wut hinunter und akzeptierte verbittert meine Machtlosigkeit. Ich konnte einfach nichts tun.

Ich hatte meinen Stock weggelegt und zurückgelassen. Ich hatte vergessen, daß ich einen Stock besitze.

Hier nun in Ägypten, beim Sandplatz, stand die Sonne schon fast am Horizont. Ich sagte Essam, daß ich müde sei. Ein langer Tag neigte sich dem Ende entgegen. Ich wollte ins Hotel zurückkehren. Er sprach noch davon, was ich bei meinem nächsten Besuch alles unternehmen könne.

»Normalerweise pflegen die Frauen keinen Kontakt mit Touristen«, sagte er. »Aber Sie mögen sie wirklich. Sie fragten, ob Sie zum Abendessen oder wenigstens zum Dessert zurückkommen. Sie wollen Sie wiedersehen.«

Er musterte meine Kleidung. Ich trug einen dunklen Trainingsanzug.

»Ich werde Ihnen ein Kleid besorgen«, schlug er vor. »Mit Ihrem dunklen Haar und Ihrer dunklen Haut kann ich Sie dann mit ins Dorf nehmen. Die Leute werden Sie für eine Einheimische halten. Hier gibt es viel für Sie zu tun. Und so sind Sie schon bald bereit, in die Pyramiden zu gehen und zu meditieren. Von diesem Augenblick an werden Ihnen besondere Kräfte zuteil.«

Ich war aufgeregt, neugierig – und fühlte mich geehrt, den Frauen erneut begegnen zu dürfen. Ich verstand nicht, was Essam mit jenen »besonderen

Kräften« der Pyramiden meinte. Aber während ich auf der Bank vor den *Lotus Palace Perfumes* saß und mich daran erinnerte, welch intensives Erlebnis der Ritt durch die Wüste war, wußte ich, daß ich meine Kraft wiedergefunden und zu neuem Leben erweckt hatte.

Ein Junge ritt auf einem Esel um den Sandplatz. In seiner Hand hielt er einen Stock – etwas kürzer als der, den ich nachts im Suk gesehen hatte.

Ich versicherte Essam, daß ich gerne all das tun würde, was er mir empfahl, und deutete dann auf den Stock des Jungen.

»Aber ich will auch so einen«, sagte ich, »um mich besser erinnern zu können.«

Essam lächelte. Er sagte nichts weiter. Aber mir war klar, daß er verstand. Auch ich hatte verstanden. Ich brauchte den Stock nicht *zu kaufen*. Ich besaß schon einen. Jeder von uns besitzt ihn. Wir müssen ihn nur in die Hand nehmen und benutzen.

Scheherazade, die sagenumwobene Heldin aus Tausendundeiner Nacht, *benutzte ihren Stock richtig. Sie lebte in einem Land, in dem der Sultan – der König – von seiner Frau betrogen worden war. (Eines Tages war er unerwartet von einer Reise zurückgekehrt und hatte sie in den Armen ihres Liebhabers erwischt.) Um über seinen Kummer hinwegzukommen, ließ er seine Frau enthaupten. Und um dafür zu sorgen, daß keine Frau ihn je wieder betrügen würde, nahm er sich jede Nacht eine andere Geliebte, eine Jungfrau. Nachdem er mit ihr eine Nacht verbracht hatte, wurde sie am nächsten Morgen enthauptet.*

So ging es jahrelang. Die Mütter des Landes waren in tiefer Trauer, weil sie entweder den Verlust ihrer Tochter beklagten oder befürchteten, ihre Tochter hergeben zu müssen. Scheherazade wandte sich an ihren Vater, einen Berater des Sultans. Sie bat ihn, er solle sie dem Sultan überlassen, damit sie die nächste Geliebte sei. Ihr Vater schauderte vor Entsetzen, aber Scheherazade hielt an ihrem Vorhaben fest. Sie sagte, daß etwas geschehen müsse und daß dies ihre Aufgabe sei.

Sie erzählte, daß sie einen Plan habe.

Während der nächsten tausendundein Nächte bezauberte Scheherazade den Sultan durch ihre Gabe, Geschichten zu erzählen. Jede Nacht schilderte sie ihm eine Geschichte bis zu dem Punkt, wo die Handlung ihren Höhepunkt erreichte. Dann brach sie plötzlich ab und bat den Sultan um Erlaubnis, in der nächsten Nacht weitererzählen zu dürfen. Der war natürlich einverstanden. Scheherazades Geschichten waren wunderbare Märchen von unterdrückten Menschen, die dem Mittelstand angehörten und die ihren Willen, ihre List, ihre besonderen Fähigkeiten und ihren Glauben an Allah dazu benutzten, sich auf magische Weise ihre Wünsche zu erfüllen und ihr Schicksal zu meistern. Scheherazade beherrschte ihre Kunst so souverän, daß der Sultan es kaum abwarten konnte, den Rest der Geschichte zu hören. Es war für ihn undenkbar, die junge Frau enthaupten zu lassen. Wenn sie des Nachts ihre Ausführungen beendete, sagte sie einfach nur: »Aber diese Geschichte ist nicht seltsamer und wunderbarer als jene, die ich dir als nächstes erzählen werde.«

Als sie am Schluß all ihrer Geschichten angelangt war, hatte sie dem Sultan drei Kinder geschenkt, und er hatte seine Liebe zu ihr entdeckt. Er bereute seinen Haß gegen Frauen und kam zu der Überzeugung, daß nicht alle böse seien. Den Schaden, den er den Menschen seines Volkes zugefügt hatte, machte er soweit wie möglich wieder gut. Scheherazade rettete die Frauen ihres Landes. Sie heilte das Herz des Sultans. Und ihre herrlichen Geschichten zeigten Millionen von Lesern, über welche Kräfte sie verfügen – und wie mächtig Allah ist.

Scheherazade ließ sich von niemandem einreden, daß sie zu schwach sei. Sie kannte ihre Stärke ganz genau. Sie hatte begriffen, worin eines der wichtigsten Geheimnisse des Lebens liegt. Sie baute nicht auf eine Kraft, die sie nicht besaß, sondern beherrschte die Kunst, jene Kraft einzusetzen, die ihre ureigenste war.

Scheherazade nahm ihren Stock zur Hand und benutzte ihn meisterhaft, mit viel Talent.

»ICH VERSTEHE IMMER NOCH NICHT, was die ägyptischen Frauen zu tun haben sollen mit den Frauen Ihres Landes«, sagte die Vernehmungsbeamtin, die mich dadurch unsanft in den Flughafen von Tel Aviv zurückholte. »Diese Frauen sind nicht frei. Sie gehen nicht einmal aus dem Haus.«

Ah, dachte ich. Jetzt begreifst du allmählich, was Co-Abhängigkeit ist …

Ich lehnte mich über den Tisch und stützte die Arme darauf. Inzwischen tat mir der Rücken weh, und meine

Stimme war kratzig. »Ich schreibe für Frauen und Männer«, erklärte ich. »Dennoch haben Sie recht. Ich lebe in einem wunderbaren Land. Wir Amerikaner genießen viele Freiheiten und Annehmlichkeiten, die in einigen Teilen der Welt unbekannt sind. Aber viele meiner Landsleute wissen gar nicht, wie frei sie eigentlich sind«, gab ich ihr zu bedenken.

»Nehmen Sie zum Beispiel mich«, sagte ich. »Zehn Jahre lang war ich in einer Zelle eingesperrt …«

8. KAPITEL

Eingesperrt

Der Sonnenuntergang war das heilige Zeichen, mit dem der Fastentag endete. In der Abenddämmerung erwachte das friedliche Giseh zu neuem Leben.

Das war auch an diesem Tag so. Die Männer und Jungen eilten über den Sandplatz mit einer Emsigkeit, die tagsüber durch die doch sehr belastende Abstinenz und das Hungergefühl eingeschränkt wurde. Drei Kamele knieten am fernen Ende des Platzes und lächelten geheimnisvoll, als ob sie ein Geheimnis hüteten, das allen anderen Wesen verschlossen blieb.

Ich folgte Essam hinter den Laden und über den schmutzigen Pfad, der zu seinem Haus führte. In der Hand hielt er eine weiße Pappschachtel mit ausgewählten Köstlichkeiten aus der dörflichen Bäckerei – sechs Zitronenschnitten aus goldenem Blätterteig und sechs mit Datteln gefüllte ägyptische Plätzchen.

Wir hatten bereits eine köstliche Mahlzeit eingenommen. Jetzt gingen wir in sein Haus, um mit den Frauen den Nachtisch zu verspeisen und Tee zu trinken.

»Ab welchem Alter werden die Frauen in die Kiste gesperrt?« fragte ich.

Essam blieb abrupt stehen.

»In die Kiste?« fragte er.

»Ja«, antwortete ich. »Wie alt sind sie, wenn sie in die Kiste müssen?« Ich deutete auf das Haus.

Er begriff und lächelte. »Oh, du meinst, ab wann sie im Haus bleiben müssen?«

Ich nickte.

»Sobald ein Mädchen vierzehn ist, soll sie im Haus bleiben. Es ist die Aufgabe der Frauen, zu kochen, sauberzumachen und die Kinder großzuziehen«, sagte er.

»Müssen sie ihr ganzes Leben lang dort bleiben?« fragte ich.

Er nickte.

»Und dürfen sie je das Haus verlassen?«

»Manchmal, um zum Markt zu gehen.«

»Wie langweilig«, warf ich ein. »Ich hoffe, ihr sorgt für Musik in der Box, damit sie es ein bißchen besser haben.«

Essam schaute mich an, als würde er nicht ganz folgen können. Wie sollte dieser sanftmütige Mann das auch verstehen? dachte ich. Er war nie in der Kiste eingesperrt.

Er hielt mir die Tür auf. Ich trat ein, wartete, daß er voranging. Wir durchquerten den Raum mit all den Teppichen und Kissen, wo ich den Frauen zum ersten Mal begegnet war. Er führte mich um die Ecke nach links in ein eher schlichtes Zimmer. Es war klein und nur mit Sofa, Beistelltisch und Stuhl eingerichtet.

Zwei der Frauen, die ich tags zuvor getroffen hatte, standen wartend da, um mich zu begrüßen. Essam stellte mich erst der älteren vor, seiner Tante, dann der jüngeren, seiner Schwester. Die Frauen wirkten zerbrechlich und müde. Besonders die Tante sah mitgenommen aus. Essams Neffe, ein dünner, blonder Junge von etwa neun Jahren, saß zwischen Schulbüchern und Papieren auf dem Sofa. Er umklammerte einen Bleistiftstummel und grübelte über seiner Hausarbeit. Schüchtern, wie kleine Jungen oft sind, hob er kaum den Blick, als wir einander vorgestellt wurden. Später sah ich, daß er verstohlen nach mir spähte. Ein temperamentvolles halbwüchsiges Mädchen mit funkelnden Augen und glänzendem schwarzem Haar ging keß auf mich zu. Sie nahm meine Hand und begrüßte mich so herzlich, daß es keiner Worte bedurfte. Sie war atemberaubend schön. Ihre große Ausstrahlung erinnerte mich unwillkürlich an meine Tochter Nichole.

Unter den Anwesenden sprach nur Essam Englisch, und so übersetzte er für uns. Das Mädchen war seine siebzehnjährige Nichte. Sie freute sich sehr über unsere Begegnung. Alle Frauen fühlten sich geehrt durch meinen Besuch.

Ich erwiderte, daß es auch mir ein Vergnügen und eine Ehre sei, als Gast hier empfangen zu werden.

Die beiden Frauen setzten sich auf den Boden. Die

eine entzündete die Flamme eines kleinen Kochers, der wie ein Campingkocher aussah, und erhitzte das Wasser für den Tee. Essam bedeutete mir, neben seinem Neffen auf dem Sofa Platz zu nehmen, was ich dann auch tat. Sofort zwängte sich seine Nichte auf der anderen Seite neben mich.

Essam öffnete die Schachtel mit dem Gebäck und reichte die einzelnen Stücke weiter. Sein Neffe nahm nach eindringlichen Bitten eine Zitronenschnitte aus der Schachtel und fing an, sie schmatzend zu verspeisen. Seine Nichte hielt meine Hand in der ihren, berührte meine lackierten Fingernägel. Die Frauen wollten keinen Nachtisch und starrten mich an. Das fast unmerkliche innere Ziehen, das ich in diesem alten Dorf schon so oft verspürt hatte, wurde plötzlich zu einem reißenden Mahlstrom, der mich in die ferne Vergangenheit entführte.

Wir schrieben das Jahr 1975. Ich war 28 Jahre alt, frisch verheiratet und begierig darauf, meine Wunschvorstellungen vom Leben einer Ehefrau und Mutter in die Praxis umzusetzen. Im Laufe der folgenden Monate und Jahre wurde mir jedoch durch eine Reihe einschneidender Ereignisse schmerzlich bewußt, daß ich nur Illusionen hegte. Inzwischen hatte ich zwei Kinder. Ich liebte sie zutiefst und war glücklich über meine Mutterrolle. Aber die Armut, der Alkoholismus meines Mannes und meine Reaktionen auf seinen exzessiven Alkoholgenuß – die ich später als »Co-Abhängigkeit« bezeichnete – hatten mich allmählich so zermürbt, daß ich gar nicht mehr zu existieren schien. Obwohl ich jahrelang weder Auto noch Telefon besaß und das Essen auf ein Minimum reduzieren mußte, fehlte mir Geld am allerwenigsten. Ich hatte kein Selbst, keine Identität, kein wirkliches Leben. Ich war verbittert, ausgelaugt und voller Überdruß. Ich ging fast nie aus dem Haus. Ich hatte kaum Kontakt zu Menschen. Und ich hatte noch weniger Kontakt zu mir selbst – zu meinen Gefühlen, meinen Gedanken, meiner Kraft. Ich war abhängig von den Erwartungen der anderen, ganz gleich, ob sie tatsächlich solche hatten oder ob ich mir dies nur einbildete. Ich wußte nicht mehr, was ich vom Leben wollte, und ganz gewiß erwartete ich nicht viel von mir selbst oder von irgend jemand sonst.

Ich war eingesperrt in einer Kiste.

Dieser Zustand kam mir durchaus vertraut vor. Schon als Kind hatte ich mich schrecklich unfrei gefühlt. Im Alter von zwölf Jahren fing ich an, die Tage auf dem Kalender auszustreichen und mir auf die Stunde genau zu überlegen, wieviel Zeit noch verstreichen mußte, bis ich endlich frei wurde. Das geschah, als ich achtzehn war. Ich hatte damals kaum Alternativen, konnte eigentlich nur darauf warten, daß die Zeit vorbeiging. Und so tat ich auch nichts anderes. Doch während ich auf meine Befreiung wartete, richtete ich meine Wut und Bitterkeit gegen mich selbst.

Als ich das Gefängnis meiner Kindheit verlassen hatte, war ich infolge meiner Alkohol- und Drogenabhängigkeit bereits in eine andere Kiste geraten. Und als ich mich aus dieser Falle befreit hatte, tappte ich prompt in die nächste. Ich war mit einem Alkoholiker verheiratet und versuchte genauso zwanghaft wie vergeblich, ihn vom Trinken abzu-

halten. In jener Zeit sagte ich mir, daß ich keine andere Wahl hätte. Es schien keinen Ausweg zu geben.

Mit der Zeit verstand ich die Co-Abhängigkeit und meine selbstzerstörerischen Reaktionen gegenüber anderen Menschen etwas besser. Ich entdeckte eine alte Schreibmaschine, bei der das »n« fehlte. Ich begann, mit der Welt ringsum zu kommunizieren, indem ich meine Geschichten aufschrieb. Ich kommunizierte nun auch mehr mit mir selbst. Ich fand einen Ausweg aus dieser Kiste – für mich und für meine Kinder. Ich sollte zwar noch in weitere Kisten schlittern, aber nie mehr das Gefühl haben, eingesperrt zu sein.

Viele Situationen und Umstände können uns einengen, sei es durch die Erwartungshaltungen der anderen oder durch sonstige Hindernisse, die unsere Freiheit beeinträchtigen und das Licht im Goldball der Kraft verfinstern. Nur allzuschnell gestatten wir den Leuten, sich in unser Leben einzumischen und über unsere Wünsche, Gefühle und Entscheidungen zu bestimmen. Den freien Willen zu bewahren ist äußerst schwierig.

Ich hatte mich jahrelang bemüht, aus allen offensichtlichen Gefängnissen auszubrechen. Aber auf jeder neuen Ebene waren sie – die Fallen – mit mehr Komplikationen verbunden. Allmählich erkannte ich, daß viele der Kisten, in denen ich mich wiederfand, von mir selbst gezimmert worden waren. Ich neigte dazu, Kisten zu bauen und hineinzukriechen, und suchte dann nach einem Schuldigen, der mich in diese mißliche Lage gebracht hatte. Wer hat mir das angetan? fragte ich mich, manchmal sogar laut. Irgendwann vernahm ich die Antwort: *Du selbst, Melody. Du hast dich in diese Kiste verkrochen. Nun ist es an dir, da wieder herauszukommen.*

Es gibt genug Situationen, die wir weder ändern noch kontrollieren noch sonstwie beeinflussen können. Deshalb brauchen wir nicht ein ohnehin schon kompliziertes Leben noch dadurch zu verkomplizieren, daß wir die eigenen Wahlmöglichkeiten beschneiden und uns selbst in eine Kiste sperren.

Trotzdem hatte ich im Laufe der Jahre genau das getan.

Erst vor kurzem war ich zu der Einsicht gelangt, daß ein Teil in mir zumindest eine Zeitlang die Sicherheit und Behaglichkeit des Eingeschlossenseins und der Fremdbestimmung genoß. Außerdem kam ich immer mehr zu der Überzeugung, daß Nelson Mandela und andere eines richtig erkannt haben: daß wir nicht unsere Dunkelheit fürchten, unsere Neigung, Chaos und Wahnsinn hervorzurufen, sondern unsere Größe und unser enormes inneres Potential, in hellem Glanz zu erstrahlen.

Als ich nun im Wohnzimmer von Essams Haus saß, empfand ich all jene Gefühle, die sich in einer Kiste einstellen – abgründige, maßlose Wut und Bitterkeit, Erschöpfung, Lustlosigkeit, Verzweiflung –, und eine so starke Aversion gegen das Eingesperrtsein, daß ich kaum stillsitzen konnte.

Ich biß ein Stück von meiner Zitronenschnitte ab und fragte mich, wie tief verwurzelt und wie alt diese emotionalen Erinnerungen waren.

Ich haßte es wirklich, in einer Kiste gefangen zu sein.

Essams Nichte reichte mir ein Album mit Familienfotos. Ich blätterte es durch. Wenn man die Landessprache nicht spricht, gestaltet sich ein Besuch schwierig. Normalerweise füllt der Small talk viele stille Momente aus, aber durch die Übersetzung erscheint auch er oft überflüssig. Ich nippte an meinem Tee. Plötzlich konnte ich mich nicht mehr zurückhalten.

Ich wandte mich Essams Nichte zu. »Essam, sag ihr, daß sie nicht in der Kiste bleiben muß.«

Seine Augen weiteten sich.

»Sag es ihr! Sie ist schön. Sie strahlt Lebenskraft aus. Sie könnte alles tun, sie könnte so sein, wie sie sein will …«

Essam lächelte und begann, meine Worte ins Arabische zu übersetzen. Seine Nichte hörte aufmerksam zu, und ihr faszinierendes Gesicht leuchtete noch stärker. Sie wollte, daß ich weitersprach.

»Du könntest Fotomodell werden«, sagte ich. »Oder Filmstar. Du könntest in einem Büro arbeiten. Du brauchst nicht dein ganzes Leben lang in der Kiste zu bleiben. Ich habe eine Tochter. Sie ist genauso alt wie du – und auch sehr schön. Sie steht an einem ganz entscheidenden Punkt – wie du. Lebe dein Leben!«

Essam übersetzte. Das junge Mädchen lächelte. Ich hätte die ganze Nacht reden können. Aber mir schoß ein Gedanke durch den Kopf, der mich verstummen ließ: Ein arabisches, vom Islam beherrschtes Land ist nicht der rechte Ort für eine *Codependent-No-More-Tour*.

Ich war dabei, jene unsichtbare und doch vorhandene Grenze zwischen Beistand und übertriebenem Engagement zu überschreiten in Angelegenheiten, die mich nichts angingen. Das fühlte ich deutlich. Ich erinnerte mich an jene beiden Wörter, die die Tochter meiner Freundin auf ihre Hand geschrieben hatte, um immer wieder daran zu denken, daß sie sich nicht in die verzwickte Liebesgeschichte ihrer Freundin einmischen sollte: »HILF NICHT.« Auch ich mußte nicht die ganze Welt kontrollieren. Es gab einen höheren Plan. Ihm konnte man vertrauen. Ich brauchte nichts *zu erzwingen*. Ich konnte es dem Schicksal überlassen, die Dinge zu lenken.

Ich lehnte mich zurück. »Reich mir doch bitte die Zitronenschnitten«, sagte ich zu Essam.

Wir saßen im Wohnzimmer, tranken Tee und unterhielten uns, so gut es ging. Nach einer Weile stand Essam auf. »Die Frauen haben ein Geschenk für dich«, sagte er. »Komm bitte mit.«

Ich folgte ihm in einen Raum, der wie ein Speisezimmer aussah, es fehlte nur der Tisch. Eine lange Wand war mit gerahmten Fotos von Männern in militärischer Uniform bedeckt. Ich betrachtete sie, während ich auf die Frauen wartete. Kurz darauf traten sie ins Zimmer; jede trug einen Armvoll langer Gewänder in kräftigen, leuchtenden Farben – Rot, Gelb, Violett, Grün, Blau, Weiß.

»Sie möchten, daß du dir zwei Gewänder aussuchst«, sagte Essam. »Das ist ihr Geschenk für dich.«

Ich hielt jedes Kleidungsstück vor mich hin und überlegte, welches mir am besten stehen würde. Sie waren alle sehr schön.

»Sie wollen, daß du diese ägyptischen Gewänder anprobierst, damit sie sehen, wie du darin aussiehst«, übersetzte Essam.

Essam verließ den Raum. Ich führte den Frauen jedes der exotischen, herrlichen Gewänder vor. Wir riefen »Oh« und »Ah« und kicherten. Nach mehreren Diskussionen und nochmaligem Anprobieren kamen wir schließlich zu dem Schluß, daß das scharlachrote Kleid mit dem Pailletenstern und das pfauengrüne am besten zu mir paßten.

Ich bedankte mich bei den Frauen. Essams Schwester tätschelte mir den Arm. Seine Tante lächelte. Zum ersten Mal an diesem Abend schien sie unbeschwert.

Essam kam zurück. Ich zeigte ihm die Gewänder, die ich ausgesucht hatte. Dann nahm mich seine Tante am Arm und führte mich zu den Fotos an der Wand. Sie deutete auf jenes, auf dem ein schneidiger Mann in voller Militäruniform zu sehen war.

»Sie will dir sagen, daß das ihr Mann ist«, erklärte Essam. »Er ist im Krieg gefallen.«

Ich betrachtete die Tante. Das war es also, was ich bei ihr gefühlt hatte – der tiefe Kummer über den Verlust eines geliebten Menschen. Ich verspürte den Wunsch, ihr irgendwie zu helfen. Sie hat etwas so Wertvolles verloren, dachte ich. Essam erzählte ihr, ich hätte meinen Sohn verloren. Da drückte sie ihre Hand gegen die Brust, was auf der ganzen Welt das Zeichen dafür ist, daß man ein gebrochenes Herz versteht.

Essam übersetzte, während seine Tante und ich eine Zeitlang über Trauer und Tod sprachen. Wir hatten etwas gemeinsam. Wir fühlten uns beide vom Leben betrogen. Dann fragte mich Essam, ob ich zum Aufbruch bereit sei. Ich sagte ja.

»Sag ihnen, daß ich ihnen zutiefst dankbar bin«, fügte ich hinzu. »Es war ein wunderbarer Abend.«

Essam sprach mit den Frauen einige Sätze auf arabisch und wandte sich dann mir zu. »Dein Besuch war ihnen eine große Freude«, sagte er. »Sie sind traurig, daß du gehen mußt, und möchten, daß du bald wiederkommst.«

»Sag ihnen, daß ich das tun werde«, erwiderte ich. »Versprochen.«

Bei dieser Gelegenheit erklärte mir Essam die Bedeutung von *Insha'a Allah*.

»Sag nie ›Ich werde dies tun‹ oder ›Ich werde jenes tun‹«, erläuterte Essam. »Sag lieber: ›Ich werde es tun, *Insha'a Allah*.‹«

»Was heißt das?« fragte ich.

»So Gott will«, antwortete er.

»Dann sag ihnen, daß ich zurückkommen werde, *Insha'a Allah.*«

Er lächelte.

Ich trat durch die Haustür nach draußen. Ich hatte vor, bald zurückzukehren, aber zumindest auf dieser Reise sollte ich Essams reizende Frauen nicht mehr wiedersehen.

Essam ging mit mir ins Zentrum von Giseh. Er führte mich an einen kleinen Tisch vor einem Restaurant und bestellte Tee für uns. Ich rannte über die Straße zu einem Marktstand, um Mandarinen zu kaufen.

»Zieh deine Schuhe aus«, verlangte Essam, als ich an den Tisch zurückkam.

»Wie bitte?« fragte ich, überlegend, um welchen Brauch es sich hierbei handeln könnte.

»Zieh deine Schuhe aus«, wiederholte er.

Als ich meine Stiefel aufschnürte und auszog, fiel mir auf, wie staubig sie waren. Essam kniete nieder, nahm sie in die Hand, stand auf, lächelte und zeigte dann auf ein Geschäft gegenüber.

»Ich will dafür sorgen, daß deine Stiefel wieder glänzen«, sagte er. »Sie sind ganz mit Wüstenstaub bedeckt.«

Kurze Zeit später kehrte Essam mit meinen Schuhen zurück. Wir tranken geruhsam unseren Tee, sprachen über die Mandarinen, das Dorf und meine Pläne für den Rest der Woche. Ich spielte mit dem Gedanken, von dem großen Hotel in Kairo in ein kleineres Hotel am Rande von Giseh umzuziehen. Ich hatte mit dem Schreiben noch nicht begonnen. Das beunruhigte mich, aber es gab so vieles zu sehen und zu tun, so viele interessante Begegnungen. All diese Abenteuer erschienen mir sehr wichtig.

»Ich hätte gerne, daß du einige weitere Mitglieder meiner Familie kennenlernst«, sagte Essam.

»Wen denn?« wollte ich wissen.

»Ich habe ungefähr fünftausend«, entgegnete er.

Ich lachte. Dann schlug seine Stimmung spürbar um.

»Ich mußte mich von meiner Frau scheiden lassen, Melody«, sagte er nach einer langen Pause.

»Warum?« fragte ich.

»Weil sie nicht in der Kiste bleiben wollte«, antwortete er.

Seine Stimme bekam einen traurigen Unterton, Miene und Blick waren plötzlich von Verwirrung überschattet. In diesem Augenblick verriet mir sein Gesicht viel darüber, was in ihm vorging.

Männer brauchen Frauen genauso – oder sogar noch mehr – wie Frauen Männer, dachte ich, ob dieses Bedürfnis nun in einer Freundschaft oder in einer romantischen Liebesbeziehung zum Ausdruck gelangt. Ich schaute die Straßen hinunter, in denen es keine Frauen gab, wie in so vielen Straßen der arabischen Welt mit Ausnahme des Suk. Gesellschaften sind angewiesen auf weibliche Energie, damit eine

Art Gleichgewicht entsteht, überlegte ich. Genau das aber fehlt hier. Um komplette Menschen zu sein und so zu leben, daß wir zum Einklang mit uns selbst und der Welt gelangen, bedürfen wir alle der ständigen Gegenwart und der aktiven Beteiligung des weiblichen Aspekts – der Intuition, der Fürsorge, der Kreativität.

Essam war stark und doch zugleich sanft und freundlich. Während meines Aufenthalts hatte ich nie gesehen, daß er jemanden herumkommandierte. Offenbar akzeptierte er meine Unabhängigkeit, obwohl ich eine Frau war. Ich fragte mich, weshalb es ihn derart verunsichert hatte, seiner Frau gewisse Freiheiten zuzugestehen. Kann es sein, daß Männer Frauen als die eigentlich Stärkeren betrachten, auch wenn sie sich den Anschein geben, selbst viel mehr Kraft und Einfluß zu haben? Betrachten sie Frauen mit den gleichen »Machtillusionen«, die auch Frauen manchmal in bezug auf Männer hegen? Ist dieser ganze Tanz nur ein großes Machtspiel, in dem Menschen unter der falschen Vorstellung leiden, ohnmächtig zu sein, und dann die Kraft der anderen unterdrücken – oder rauben – wollen, um eine Art Ausgleich herbeizuführen?

Die Welt ändert sich, dachte ich. Das Leben in den Vereinigten Staaten – ja auch das Leben hier im Nahen Osten – ist in Wandlung begriffen. Ein Mensch kann nicht länger seine Macht darauf gründen, daß er die Stärke oder die Freiheit eines anderen Menschen leugnet. Die Welt bringt sich selbst – und das heißt: ihre männlichen und weiblichen Energien – ins Gleichgewicht.

Es ist nicht mehr möglich, jemand anders zu einem willfährigen Wesen zu degradieren. Macht – ob sie nun mit gefühlsmäßigen, geistigen oder seelischen Fähigkeiten zu tun hat, ob sie physisch, psychisch oder finanziell bedingt ist – impliziert eine enorme Verantwortung. Die Goldene Regel – Tue keinem etwas an, was du selbst auch nicht angetan bekommen willst – stellt nicht nur eine Empfehlung dar, sondern ein Gesetz, das den Gang der Welt erklärt. Die Art und Weise, wie wir unsere Kraft einsetzen, wie wir uns verhalten, wie wir andere behandeln, wirkt auf uns zurück. Noch die subtilsten Methoden, durch die wir unsere Gedanken, Gefühle und Absichten auf Menschen projizieren, werden sich zwangsläufig gegen uns richten, zumal wenn wir diese starken Energien mit unserer Willenskraft steuern.

Letztlich lieben wir unseren Nächsten so, wie wir uns selbst lieben.

Vor Jahren praktizierte ich das Ritual, für die Menschen, denen ich Ressentiments entgegenbrachte, zu beten. Dafür gab es keine logische Erklärung. Ich tat es, weil einige vertrauenswürdige Freunde mir dazu geraten hatten. Sie sagten, daß dieses Vorgehen besser sei, als auf Rache zu sinnen, und daß es helfen würde – was auch tatsächlich stimmte. Damals war ich einem blinden Glauben gefolgt. Jetzt begriff ich langsam, *warum* sich dieses Vorgehen als hilfreich erwiesen hatte: Wenn wir uns rächen wollen, richten wir die negative Energie nämlich im Grunde gegen uns selbst. Verwünschen wir jemanden, so schadet diese Bösartigkeit schon bald *uns*. Das ist gar nicht zu vermeiden, eben weil sie sich irgendwo manifestieren muß. Wenn wir jedoch für den anderen Menschen beten – und uns hierbei die Wörter vielleicht regelrecht abringen, bis sie sich echt anfühlen –, dann bitten wir eigentlich um Wohltaten für *die eigene Person*. Wir senden eine positive Energie aus, damit sie später einmal auf uns zurückkomme.

Man muß achtgeben: Zwischen Aufarbeitung und Rache besteht ein himmelweiter Unterschied.

Beim Aikido habe ich gelernt, daß die wirksamen Verteidigungstechniken dieser Kampfsportart nur funktionieren, wenn jemand angreift. Ohne Angreifer gibt es auch keine negative Energie – also keine Kraft, die gegen ihn gerichtet werden könnte.

Ich bat meinen sensei *mehrmals um ein Buch über das Aikido, um irgend etwas, das mir helfen könnte, diese so schwer verständlichen Vorstellungen geistig zu vergegenwärtigen. Ich wollte begreifen, wie man mit der Energie umgeht, die sich gegen einen richtet; wie man sie intuitiv, spontan und elegant zu ihrer Quelle zurücksendet – im* dojo *und im Leben draußen. Ich wünschte mir ein Rezept dafür, wie man sich selbst schützt, ohne rachsüchtig, aggressiv oder übermäßig verletzend zu sein. Ich sehnte mich danach, alles mögliche über innere Stärke zu erfahren, denn hierin lag der Schlüssel zu meiner Freiheit. Ich brauchte eine Liste mit Regeln, eine Gebrauchsanweisung, um all das in die Tat umzusetzen.*

»Man lernt die Lektion nicht auf diese Weise«, sagte mein Lehrer. »Kämpf dich durch die Verwirrung, bis Körper, Geist und Seele allmählich merken, wie es sich anfühlt, wenn du es richtig machst. Dann erst verstehst du wirklich – und erinnerst dich immer wieder an dieses Erlebnis.«

»Aber es muß doch etwas geben, das ich lesen und studieren kann«, protestierte ich.

Schließlich fand ich selbst ein Buch, das die Grundsätze des Aikido näher beleuchtete: The Art of War *(Die Kunst des Krieges). Als ich meinem Lehrer davon erzählte, meinte er, es sei ein gutes Buch. »Aber wenn man es zu Ende gelesen hat, gibt es ein noch besseres«, sagte er. »Es heißt:* The Art of Peace *(Die Kunst des Friedens).«*

Zurück in Giseh, wo ich vor dem Restaurant saß, meinen Tee trank, mit Essam sprach und über Stärke, Macht, Frauen und Rache nachdachte, schaute ich wie gebannt einem kleinen Jungen nach, der auf einem ungesattelten Esel die Straße hinunterritt. Dieses alte Dorf übte eine hypnotisierende Wirkung auf mich aus. Ich war auf einer Reise in die Vergangenheit.

»Schau!« sagte ich zu Essam und deutete auf den Esel.

»Willst du auf ihm reiten?« fragte er.

Ich zögerte. Essam insistierte. Er rief den Jungen. Wir gingen zu ihm, und er stieg ab. Ich schwang mein

Bein über den Rücken des Tieres, zog mich nach oben und ritt die Straße entlang.

Es hatte lange gedauert, aber nun war ich endgültig aus der Kiste heraus. Und ich hatte nicht die Absicht, wieder in sie zurückzukehren – *Insha'a Allah*.

»ZEIGEN SIE MIR IHRE NOTIZEN«, forderte die Vernehmungsbeamtin mit dem kastanienbraunen Haar, so daß ich aus meinen Träumen gerissen und erneut in den Flughafen von Tel Aviv versetzt wurde.

Ich schreckte zurück, konnte das alles nicht fassen. Ich fühlte mich angegriffen und verletzt. Besaß ich überhaupt keine Rechte? Wonach suchte diese Frau? Was hätte ich zu verstecken gehabt?

»Ich will Ihre Notizen sehen«, wiederholte sie in entschiedenem Ton. »Alles, was Sie im Hinblick auf Ihr neues Buch geschrieben haben.«

Meine Hände zitterten, als ich meinen Koffer durchwühlte und meine Akten hervorzog.

»Ich habe nicht sehr viel«, sagte ich und reichte ihr einige Papiere. »Aber hier sind sie.«

»Lesen Sie mir bitte vor«, sagte sie.

Ich setzte meine Brille auf und bemühte mich, meine fast unleserliche Schrift zu entziffern.

»*Nimm dich endlich, wie du bist (Stop Being Mean to Yourself)* handelt von einer Reise in die Selbstliebe. Es geht darum, Mitgefühl für andere zu haben. Aber es geht auch darum, wie man lernen kann, Mitgefühl für sich selbst aufzubringen.«

Ich hielt inne. »Oh«, sagte ich. »Unten auf der Seite hab' ich noch etwas hingekritzelt.«

Sie sah mich an, wartete.

»Es ist wirklich ein großes Abenteuer …«

9. *KAPITEL*

Schlüsselsuche

Vor der Erfindung der geschriebenen Sprache dokumentierten und konservierten die alten Zivilisationen wichtige Botschaften dadurch, daß sie Bilder und Symbole in Steine ritzten. Diese Bilder und Symbole bezeichneten eher Vorstellungen und Sachverhalte als Wörter im Sinne unserer heutigen Schrift.

Obwohl die Ägypter schon vor fast fünftausend Jahren von einer Art Keilschrift im Stein zu einer Hieroglyphenschrift auf Papyrus übergingen, besteht doch ein Großteil der ägyptischen Kunst weiterhin in gleichnishaften, eindimensionalen Zeichnungen. Diese Bilder halten nicht nur eine bestimmte Szene fest, die der Künstler sah und dann gestaltete. Sie sind symbolische Darstellungen – heilige Werke, die darauf abzielen, eine besondere Botschaft oder Geschichte dem Betrachter direkt zu übermitteln, Herz und Geist gleichermaßen anzusprechen.

An diesem Tag gingen Essam und ich in Giseh einkaufen. Ich brauchte einige Kleinigkeiten – Früchte, eine Musikkassette, Aspirin. Außerdem sollte ich vier weiße Kerzen für meine Meditation in den Pyramiden besorgen. Als ich meine Einkäufe erledigt hatte, führte Essam mich zu einem weiteren Verwandten, einem Arzt, der ebenfalls mit Duftstoffen und Kräutern handelte. Wir tranken Tee zusammen und unterhielten uns. Plötzlich, geradezu abrupt, stand Essam auf.

»Komm jetzt bitte mit«, sagte er. »Es wird Zeit, daß du deine Bilder bekommst.«

Ich wußte nicht, wovon er sprach, aber inzwischen hatte ich großes Vertrauen zu ihm. Er war bereits mehr als nur ein Freund: ein Lehrer und Führer für den ägyptischen Teil meiner Reise durch Arabien.

Als ich ihm zum Auto folgte, war mir nicht bewußt, daß dieser Tag den Schlüssel zu einem Geheimnis bereithielt, das ich jahrelang zu enträtseln versucht hatte.

Ich habe in meinem Leben schon viel Zeit damit verbracht, nach Schlüsseln zu suchen – Autoschlüsseln, Hausschlüsseln, Garagenschlüsseln …

Aber einen *Schlüssel habe ich noch länger und ganz besonders intensiv gesucht – nämlich den Schlüssel zum Geheimnis des Lebens.*

Mir schien, als stünde ich vor einem großen verschlossenen Metalltor. Dahinter verbargen sich wahre Erbauung und reine Weisheit, das höchste Wissen darüber, warum wir hier sind und wie uns im Leben Glück und Erfüllung, ja Erleuchtung zuteil werden.

Ich jedoch war diesseits des Tores – ausgesperrt, mich im Kreise drehend, auf der vergeblichen Suche nach dem Schlüssel.

Im Laufe der Jahre hatte ich verschiedene Therapeuten, Ärzte und Heiler aufgesucht. Ich war mit Homöopathie, Heilgymnastik, Akupunktur und Akupressur vertraut. Ich las die einschlägigen Bücher und schrieb selbst welche. Regelmäßig ging ich Zeitschriften durch, schnitt Artikel aus, achtete auf Hinweise, die mich dem Schlüssel näherbringen könnten. Ich besuchte Workshops und sprach mit Leuten. Ich betete zu Gott. Ich befolgte die Grundsätze des Glaubens, mit denen ich aufgewachsen war – und hielt am Christentum fest. Dann beschäftigte ich mich intensiv mit den anderen großen Weltreligionen.

In meiner Jugend hatte ich Alkohol und Drogen probiert in der Hoffnung, dadurch die gesuchte Antwort zu finden. Ich konsumierte Marihuana, LSD, Kokain, Heroin und Morphium. Ich schluckte Barbiturate und Amphetamine, suchte die Antwort in chemisch induzierten bewußtseinsverändernden Erfahrungen.

Später suchte ich sie in Beziehungen. Dann dachte ich, die Antwort bestünde vielleicht darin, keine *Liebesbeziehung mehr einzugehen.*

Ich setzte mich mit Gestalttherapie, Transaktionsanalyse, Schlaftherapie, Gebet und Meditation auseinander. Und während der letzten zwanzig Jahre war ich aktive Teilnehmerin an mehreren Zwölf-Schritte-Programmen.

Ich griff auf Bestätigungsformeln zurück, die man sich vorspricht. Ich hörte mir Kassetten an. Ich nahm meine Gefühle bewußt wahr. Ich achtete auf meine Denkprozesse. Ich kümmerte mich wie besessen um andere Leute. Dann definierte ich den Dienst am anderen neu und tat Gutes mit

Freude – nicht unter innerem Zwang. Ich versuchte verzweifelt, mich wirklich zu lieben. Ich lernte, standhaft zu sein. Ich befaßte mich mit den eklatanten Problemen meiner Co-Abhängigkeit: mit dem schrecklichen Gefühl, kein Selbst zu haben, und mit meiner klettenartigen Abhängigkeit von anderen.

Anschließend nahm ich pflichtbewußt jene schwierige Aufgabe in Angriff, die viele Menschen kennen und für wertvoll erachten: Ich untersuchte die Prägungen durch die eigene Familie. So begann der zermürbende und endlose Prozeß der inneren Entgiftung oder Heilung. Dabei stieß ich auf die tief verwurzelten, immer wieder verdrängten emotionalen Blockaden und einengenden Überzeugungen, auf die sogenannten Hindernisse auf dem Weg zu Freiheit, Erfüllung und Erleuchtung, die ich seit unvordenklicher Zeit in mir angesammelt hatte. Hurra, endlich entdeckte ich das Kind in mir und sorgte dafür, daß es gesund wurde. Ich hegte und pflegte es. Ich liebte es mit ganzer Kraft. Ich hatte sogar einen struppigen Teddybär – Gott segne John Bradshaw! – im Wandschrank meines Bücherregals versteckt.

Ich wurde mir meines Körpers mehr bewußt und gab auf ihn acht, begriff allmählich seine komplizierte Beziehung zur Seele. Ich machte eine Östrogentherapie, um den Hormonhaushalt zu unterstützen, und eine Vitamintherapie als Ergänzung zur Nahrung.

Nach dem Tod meines Sohnes verharrte ich im Kummer, durchlitt jeden Augenblick, der meine Eingeweide zerriß, mein Herz brach, mein Denken zutiefst erschütterte. Dann arbeitete ich mich durch den Schmerz hindurch und akzeptierte schließlich die lebenslange Beeinträchtigung, die aus diesem Verlust resultierte.

Ich fuhr damit fort, den Course in Miracles *(Kurs in Wundern) zu studieren, wo ich mit Hilfe von Marianne Williamson etwas über die magische Kraft der Liebe in all ihren zahlreichen Erscheinungsformen erfuhr und mir immer wieder vergegenwärtigte, daß es auch zur Liebe gehört, »Nein« und manchmal »Geh weg« zu sagen.*

Endlich öffnete ich mein Herz.

Dann setzte ich meinen Fuß auf die nächste Sprosse der Leiter, die zu geistigem Wachstum führt. Wie viele andere Amerikaner las ich wie gebannt Betty Eadies Embraced by the Light *(Umarmt vom Licht) und war ergriffen von dem Geheimnis des Lebens nach dem Tode.*

Ich mochte dieses Buch sehr. Aber ich verstand noch immer nicht das Geheimnis des Lebens vor *dem Tod.*

Ich suchte weiterhin nach jenem Schlüssel.

Im Laufe der Jahre hatten sich infolge meiner Suche meine Wertvorstellungen geändert. Hatte ich früher von Gold und Diamanten geträumt, so sammelte und schätzte ich jetzt schöne Steine – Lapislazuli, schimmernde Kristalle aus dem Himalaja, Amethyst, Rosenquarz, grüner Turmalin. Das waren jetzt meine kostbaren Juwelen. Ich benutzte Duftöle und praktizierte die Aromatherapie. Ich wählte sorgfältig meine Farben aus – und mied Polyester wie die Pest.

Aber manchmal, mitten in der Nacht, stellte ich mir trotz allem die Frage: Soll ich nicht einfach aufgeben, mich der Masse anpassen und ein Antidepressivum nehmen?

Ich wußte, daß ich bei meiner Suche nicht allein war. Die meisten meiner Bekannten waren auf einem ähnlichen Weg. Auch sie wollten den Schlüssel finden. Einige behaupteten, ihn zu besitzen, doch sie verlangten für ihre Seminare so hohe Gebühren, daß ich nicht bereit war, daran teilzunehmen.

In dem Jahr vor meiner Reise nach Nordafrika besuchte ich drei Monate lang heilige Orte im Westen der Vereinigten Staaten. Ich badete in einigen der energiereichsten, heilsamsten, mineralhaltigsten heißen Quellen des Landes. Ich lernte die Wirbel von Sedona kennen, dem alten Anasazi-Dorf im Chaco Canyon, und war im Sanctuario de Chimayo, der heiligen Kirche Neu-Mexikos. Ich blickte auf Felsen und Ruinen, auf Wasserfälle und Regenwälder und atmete deren Kraft tief in mich ein.

Eigentlich hätte ich in dieser verdammten Dunkelheit leuchten müssen.

Ich hatte das Gefühl, mich in einem Tunnel zu befinden. Gelegentlich erhaschte ich einen schwachen Schimmer. Aber in solchen Augenblicken fühlte ich mich mehr geblendet, als wenn ich in Licht gebadet war. Meistens sah ich nicht, was ich tat oder wohin ich ging. Ich verstand nicht, welchen Sinn diese ganze »Exkursion« haben sollte.

Viele der Therapien, Menschen, Ideen und sonstigen Hilfsmittel, mit denen ich in Berührung gekommen war, hatten mir wirklich geholfen. Obwohl manche Unternehmungen nicht mehr als ein Wohlgefühl vermittelten (ohne mich tiefgreifend zu beeinflussen) und gewisse Verhaltensmuster, etwa der Mißbrauch von Drogen, sich sehr nachtei-

lig auswirkten (später mußte ich Zeit und Geld investieren, um die gesundheitlichen Schäden wieder zu beseitigen), führten doch die meisten dieser Aktivitäten eine permanente, positive Veränderung in mir und in meinem Leben herbei.

Trotzdem hatte ich den Schlüssel noch nicht gefunden.

Ich konnte das Tor nicht aufsperren, um in jenen Raum dahinter zu gelangen.

Ich war der Erleuchtung weiterhin fern.

Bisweilen glaubte ich mich fast am Ziel, und der Durchbruch schien greifbar nahe. Dann rannte ich auf das Tor zu, und bums! krachte ich, mit dem Kopf voran, dagegen und fiel wie ein Häufchen Elend zu Boden. Das Tor war immer noch verschlossen. Zumindest glaubte ich das. Auf der anderen Seite, nur wenige Schritte entfernt, gerade außer Reichweite, ruhten die Schätze, die ich ersehnte. Ich konnte einfach nicht zu ihnen vordringen.

Ich war nicht unbedingt deprimiert, aber mein Geist schmerzte. Manchmal handelte es sich dabei um einen dumpfen, schleichenden Schmerz. Dann wieder glich er brennenden Qualen. Ich fühlte mich durch und durch unzufrieden. Das Leben kann sehr enttäuschend sein. Da stand ich also, an der Schwelle zum nächsten Jahrtausend, zu dieser glorreichen, aufregenden Zeit, die so viele Menschen in Atem hält. Mir allerdings jagte sie keine derartigen Schauer über den Rücken. Eher verwirrte, ja lähmte sie mich. Ich kapierte das alles nicht. Ich begriff nicht, was diese Jahrtausendwende bedeuten soll – für mich persönlich und für die Menschen, die ich kenne. Mir war nicht klar, warum man davon so viel Aufhebens macht. Und ich besaß bestimmt nicht die erhoffte Hellsicht.

Ab und zu sah es ganz danach aus, als verstünde ich um so weniger, je mehr ich mich um ein Verständnis bemühte.

Vielleicht morgen, dachte ich. Vielleicht finde ich morgen diesen Schlüssel. Mir schien, als wäre ich immer durch einen Tag, einen Schritt, einen Therapeuten, einen Heiler, ein Buch oder sonst irgend etwas von der Erleuchtung getrennt – egal, was ich auch tat. Allmählich wurde ich müde und skeptisch.

Ich fragte mich, ob ich tatsächlich an einer legitimen, der Wahrheitssuche dienenden Expedition teilnahm und ob sie irgendwohin führte. Oder waren alle diese Aktionen nichts als hektische Betriebsamkeit, ein Experiment, um die Sinnlosigkeit zu beweisen, eine als Strafe gedachte Belastungsprobe auf einer kosmischen Tretmühle?

Vor mehr als fünfzehn Jahren, als ich bereits voll und ganz mit meiner Suche beschäftigt war, sagte mir ein guter Freund, das Geheimnis des Lebens sei einfach: Es gebe gar keines. Das erschien mir nicht richtig. Es muß eins geben, dachte ich. Ich wußte, daß der Schlüssel existierte, auch wenn er mir für immer vorenthalten blieb. Aber nach all den Jahren der Suche zweifelte ich nun doch: Vielleicht hatte mein Freund doch recht gehabt. Vielleicht hielt ich nach etwas Ausschau, das nur in meiner Vorstellung existierte.

Doch an diesem Tag in Giseh sollte ich den Schlüssel finden, um das Tor aufzuschließen.

Essam rief ein Taxi, und wir kurvten durch die Straßen um den Marktplatz, um zu einem kleinen

Geschäft hinter dem Krankenhaus zu fahren. Wir waren in einem Stadtviertel, das ich noch nicht kannte. Das Schild im Fenster zeigte an, daß der Laden *Nile River Papyrus* hieß. Essam sagte dem Fahrer, er solle auf ihn warten, und begleitete mich in den winzigen, engen Raum. Fast jeder Quadratzentimeter der Wände war mit handgemalten ägyptischen Bildern auf Papyrus bedeckt.

»Ich laß dich für eine Stunde allein«, sagte Essam. »Schau dich um. Vielleicht wird eines der Bilder dir gefallen. Aber vergiß nicht: Wenn du ein bestimmtes Bild haben möchtest, dann zahl nicht den angegebenen Preis. Die Hälfte, nicht mehr. Das werde ich auch dem Ladenbesitzer klarmachen.«

Nachdem Essam mit dem Mann an der Kasse kurz auf arabisch geredet hatte, ging er fort. Der Papyrushändler, von hagerer Gestalt und etwa Anfang Zwanzig, fragte mich, ob ich gerne sehen würde, wie Papyrus hergestellt wird. Ich sagte ja. Und so begann er, mir die Geschichte dieses alten Handwerks zu erzählen und zu veranschaulichen.

In diesem Land, in dem es nur wenige Bäume gibt, gedeiht die Papyrusstaude besonders gut. Vor etwa 4600 Jahren entdeckten die Ägypter folgendes: Wenn man das Mark des Stengels in hauchdünne Streifen schneidet und diese dann in Wasser einweicht, kann man aus zwei kreuzweise aufeinandergepreßten Lagen flache Blätter anfertigen. Für den Vorgang des Pressens und Trocknens wurde ein schwerer Gegenstand – beispielsweise ein Stein – verwendet. Dann beschriftete man die Blätter mit den gleichen Zeichen, die man bisher in Stein graviert hatte. Die große Neuerung bestand darin, daß man die Papyri zusammenrollen, aufbewahren und leicht transportieren konnte. Die ägyptische Zivilisation hatte den entscheidenden Schritt getan, Ideen und Informationen aufzuzeichnen, zu erhalten und zu verbreiten. Leichter als Stein, revolutionierte der Papyrus die Welt.

Der Ladenbesitzer zeigte mir, wie die dünnen Streifen des Marks abgeschnitten, eingeweicht und zu flachen Blättern verwoben werden, wie man diese dann preßt und trocknet. Dann präsentierte er mir das fertige Erzeugnis: das elfenbeingelbe, pergamentartige Blatt namens Papyrus. Er erklärte, daß es mit Tinte, Kohle, Öl- und Wasserfarbe oder Gouache beschriftet bzw. bemalt werden könne, ja daß es sich sogar in die Schreibmaschine einspannen lasse. Und er machte mir vor, wie mühelos man die Blätter zusammenrollt und in einem Zylinder verstaut.

»Nur zu, schauen Sie sich um«, sagte er nach Beendigung seiner Demonstration. »Finden Sie heraus, ob eines unserer Bilder Ihnen gefällt.«

Ich schlenderte zum hinteren Ende des Ladens. Überall an den Wänden hingen Bilder in kräftig leuchtenden Farben. Sie unterschieden sich grundlegend von jenen Kunstwerken, die mir geläufig waren und die eine bestimmte Szene oder ein Porträt darstellten. Hier handelte es sich um einfache, eindimensionale Zeichnungen, allerdings von einer unglaublichen Tiefenwirkung. Viele waren mit Hieroglyphen versehen. Die ausgebreitete Fülle und die so fremd anmutende Gestaltungsweise zwangen mich zu längerer Betrachtung.

Nachdem ich die vielfältigen Formen im Zusammenhang erfaßt hatte, heftete ich den Blick auf einzelne Bilder. Ich sah zahlreiche Zeichnungen von den Pyramiden und der Sphinx, dann ein raffiniertes astrologisches Rad mit alten ägyptischen Symbolen. Es war schön, aber als ich es genauer untersuchte, mußte ich an meinen Freund denken, der gesagt hatte, daß es kein Geheimnis gebe. Es sprach mich nicht wirklich an. Also suchte ich weiter. Bald entdeckte ich »mein« erstes Bild.

Es war eine schlichte Darstellung der Jungfrau Maria mit dem Jesuskind im Arm.

Sie trug ein fließendes blaues Gewand, dessen schattierte Farbgebung sich jeder Beschreibung entzog. Ein strahlender Heiligenschein umgab ihren Kopf. Das Kind, das sie hielt, war barfuß. Auch um seinen Kopf leuchtete eine Gloriole. Beide hatten goldene Kronen.

Ich habe nie der katholischen Kirche angehört, aber im Laufe der letzten Jahre war mir die Figur der Maria immer wichtiger geworden. Ihre liebevolle Gesinnung, ihre zärtlichen Gesten und ihre wundersame Heilkraft hatten mir geholfen, innerlich zu gesunden, als kaum etwas mich zu berühren vermochte.

Sie besitzt die Leichtigkeit und die Liebe der Engel und die Heilkraft ihres Sohnes.

Ihre Energie beruhigt und besänftigt mich – und raubt mir doch manchmal den Atem.

In ihrer Gegenwart fühle ich mich vollkommen sicher.

Wenn ich sie vor mir sehe, bin ich insgeheim stark und zuversichtlich.

Ich fühle mich von ihr verstanden.

Sie ist der weibliche Aspekt des Göttlichen.

Das Bild übte eine große Wirkung auf mich aus.

»Ich möchte dieses hier«, sagte ich.

Der junge Mann nahm das Bild von der Wand und legte es auf den Ladentisch. Ich setzte meinen Rundgang fort. Bald erregte ein anderes Bild mein Interesse. Darauf waren Menschen, Hieroglyphen und tierähnliche Kreaturen in geheimnisvoller Weise miteinander verwoben. Es war lang und schmal, etwa ein Meter fünfzig breit und sechzig Zentimeter hoch. Es gefiel mir, aber ich verstand es nicht, und so ging ich weiter. Augenblicke später zog etwas mich wieder zurück. Als der Händler merkte, wie sehr mich das Bild gefangennahm, erzählte er mir dessen Geschichte.

»Dargestellt ist der ägyptische Mythos vom Leben nach dem Tode – und auf welche Weise man ins selige Jenseits gelangt«, erläuterte er. »Wenn man gestorben ist, muß man vor ein Gericht in der Unterwelt. Dabei wird das Herz entfernt und auf eine Waagschale gelegt. In die andere Schale kommt eine Feder. Wenn das Herz weniger oder genausoviel wiegt wie die Feder, darf man eintreten ins Paradies. Wenn nicht« – er schüttelte den Kopf – »wird es an das Ungeheuer verfüttert.«

Ich betrachtete die Zeichnung näher. Dank der Erklärung sah ich den Ablauf in aller Deutlichkeit. Jede der vier Stationen war erkennbar: Eine Figur saß erst vor dem Gericht; dann stand sie neben der Waage; man führte sie zu einem Tor; und schließlich der ausgeschmückte Raum, der das Paradies versinnbildlichte.

Tausende von Jahren hatte diese alte Kultur gewußt, was ich während fast meines ganzen Lebens zu verstehen suchte.

Als ich zwölf Jahre alt war, hatte ich bereits ein latentes Alkoholproblem. Obwohl ich es damals nicht als solches erkannte, existierte es, seit ich das erste Mal heimlich aus einer Whiskeyflasche getrunken hatte, die im Küchenschrank unter der Spüle versteckt war. Ich wußte nur, daß ich das warme, brennende Gefühl, verursacht durch die feurige Flüssigkeit, die die Kehle hinunterrann und in den Magen schoß, sehr gerne mochte.

Es war mehr als angenehm.

In jenem Sommer wurde ich in ein Ferienlager der Baptisten im nördlichen Minnesota geschickt. Ich war schon einmal dort gewesen. Die Menschen waren ernst, sie widmeten sich voller Inbrunst ihrer Aufgabe. Es ging mehr um die Bibel als um das Genießen der Ferien. Aber diesmal war ich vorbereitet. Behutsam füllte ich sieben Parfümfläschchen – eine für jeden Tag der Woche – mit Whiskey. Dann steckte ich die Flakons in meine zusammengerollten Socken und verstaute diese in meinem Koffer.

Ohne besonderes Interesse brachte ich die ersten beiden Tage hinter mich. Wie alle anderen Teilnehmer mußte ich viele Gottesdienste und Vorträge besuchen. Zugleich aber genoß ich die Sonne, die frische Luft, den See, die Boote, das Schwimmen – und den Inhalt meiner sieben Parfümfläschchen. Am dritten Tag dann, als ich im Rahmen des Kunst- und Handwerkskurses aus den Holzstielen einer bestimmten Eismarke pflichtbewußt ein Haus baute, kamen zwei aufsichtführende Betreuer auf mich zu. Sie wichen mir nicht von der Seite und warfen mir diesen Blick *zu. Dann zeigten sie mir die Parfümfläschchen, die sie in meinem Zimmer konfisziert hatten. Ich wußte sofort, daß die Party vorbei war.*

Die Betreuer führten mich an ein Spülbecken und zwangen mich, ihnen dabei zuzuschauen, wie sie den Whiskey in den Ausguß schütteten. Dann dirigierten sie mich in ein winziges Zimmer, das für drei Menschen – so dachte ich damals – eigentlich viel zu klein war. Auf metallenen Klappstühlen saßen wir im Kreis. Voll tiefem Ernst teilten mir die beiden Betreuer mit, daß sie von mir sehr enttäuscht seien. Das war nichts Neues. Auch ich war von mir sehr enttäuscht, seit langem schon. Dann stellten sie mich vor die sogenannte »Komm zu Jesus«-Alternative: Sie seien zwar verpflichtet, sagten sie, unverzüglich meine Mutter anzurufen und sie über diese genauso flagrante wie schwerwiegende Verletzung der Lagervorschriften zu informieren. Sie sähen aber auch die Möglichkeit, mir eine Hintertür offenzulassen: Wenn ich bereit sei, während eines außerplanmäßigen Gottesdienstes vor all meinen Mitschülern zum Altar zu schreiten, auf die Knie zu fallen, meine Sünden zu beichten und Jesus in mein Herz kommen zu lassen, dann würden sie nicht unbedingt darauf bestehen, meine Mutter zu benachrichtigen.

»Okay«, sagte ich. »Ich mach's.« Obwohl ich diese Zeremonie vor den Augen meiner Kameraden ausführen mußte, erschien mir der Zorn Gottes doch erträglicher und weniger erschreckend als der meiner Mutter. Ein schneller Würfelwurf gab mir zu verstehen, daß Gott versöhnlicher gestimmt wäre.

Im Gottesdienst am Nachmittag schlich ich zum Altar, kniete mich hin und war gerettet. Ich bat Jesus, in mein Herz zu kommen. Ich sagte, wie sehr ich meine Missetaten bereute. Rückblickend bedauerte ich wohl am meisten, daß ich geschnappt worden war.

Alle jubelten und klatschten mir zu. Wir sangen »What a Friend We Have in Jesus« (Welch einen Freund wir in Jesus haben) und »For God So Loved the World« (Denn Gott liebte die Welt so sehr). Dann bastelten wir aus Buntpapier große Plakate, die mit deutlicher Schrift verkündeten: »JESUS IS IN YOUR HEART« (JESUS IST IN DEINEM HERZEN).

An diesem Nachmittag waren wir sehr glücklich. Die Betreuer freuten sich über die verlorene Seele, die sie zum Heil geführt hatten. Die anderen Kinder waren vergnügt (wahrscheinlich weil ich erwischt worden war, nicht sie). Und auch ich war froh.

Meine Mutter wurde nicht verständigt.

Am nächsten Tag wiederholten wir die Zeremonie – mit einem weiteren Gang zum Altar, mit Gesängen, Jubel und der Anfertigung von Postern. Die Betreuer wollten sicherstellen, daß die Erfahrung »sich einprägte«. In jenem Jahr verließ ich das Ferienlager in guter Stimmung. Aber es hatte bei mir nicht die Wirkung, die jeder erhofft hatte. Als ich wieder zu Hause war, marschierte ich schnurstracks zum Küchenschrank unter der Spüle und trank wieder aus der Jack-Daniels-Flasche.

Es sollte zehn Jahre dauern, bis ich eine Entziehungskur machte und ins Zwölf-Schritte-Programm eintrat, das letztlich mein Leben rettete. Und fünfunddreißig Jahre sollten verstreichen seit der Zeit, als ich die Poster bastelte mit der Botschaft, daß Jesus in meinem Herzen sei, bis ich verstand, was diese farbigen Wörter, die ich damals ausschnitt und aufklebte, eigentlich bedeuten.

Die meisten Jahre meines Lebens hatte ich gedacht, man wollte mich dazu auffordern, eine Porzellanstatue von Jesus in mein Herz zu zwängen. Obwohl ich mich selbst als Christin betrachtete, konnte ich mit dieser Vorstellung gar nichts anfangen. Sie ergab einfach keinen Sinn.

1995 dann, auf meiner Reise durch den Westen der USA, war ich im Sanctuario de Chimayo. Diese Kirche in Neu-Mexiko birgt viele folkloristische Gegenstände, die Bezug nehmen auf die heilkräftige Erde unterhalb des Fundaments. Dieser Grund gilt als geweiht und heilig, und seine Energien werden mit denen der Wasser von Lourdes verglichen. Im hinteren Teil des Gebäudes zieren Krücken die Wände – sichtbare Beweise für die wundersamen Heilungen, die hier angeblich geschehen sind. Zwei Wochen lang beobachtete ich täglich, wie Menschen in die Kirche gingen, humpelten und manchmal getragen wurden.

Im Sanctuario, wo ganze Scharen auf ein Wunder warte-

ten, sah auch ich einen Lichtblitz. Endlich begriff ich, was es hieß, Jesus im Herzen zu tragen. Ob die wohlmeinenden, händeringenden, seelenrettenden Betreuer vom Ferienlager im nördlichen Minnesota sich dessen bewußt waren oder nicht – sie hatten über den Wert und die Bedeutung jedes einzelnen Herzens gesprochen. Halleluja! Ich brauchte nicht mehr zu versuchen, mir diese Porzellanstatue in die Brust zu drücken.

»Es kostet viel Kraft, jeden Tag aufzustehen und das Leben mit Leidenschaft und offenem Herzen zu leben«, sagte Nichole eines Tages, kurz bevor ich zu dieser Reise nach Nordafrika aufbrach.

»Ja, das stimmt«, bestätigte ich. »Es ist ganz bestimmt nicht einfach.«

Sie alle – die Betreuer im Ferienlager, meine Tochter und jetzt dieses vielschichtige ägyptische Bild an der Wand des Nile River Papyrus Shop *– sprachen im Grunde von ein und derselben Sache.*

Ein offenes Herz ist so leicht wie – oder noch leichter als – eine Feder. Und in diesem Herzen wohnt Jesus.

»Ich nehme dieses hier«, sagte ich, auf das Bild deutend, das den Übergang in die Ewigkeit darstellte.

Ich schaute mich weiter im Laden um. Da erspähte ich dieses magische Zeichen. Es sah fast wie ein keltisches Kreuz aus, war goldfarben und oben rund. Durch die Mitte ging eine Art Querbalken. Bei näherer Betrachtung sah ich, daß es sich um einen Schlüssel handelte.

»Was ist das?« fragte ich.

»Das ist ein altes ägyptisches Symbol«, antwortete der Ladenbesitzer. »Die Ankh-Schleife. Sie ist der Schlüssel zur Lebenskraft.«

Er nahm das Bild von der Wand und gab es mir.

Ich hatte recht gehabt. Es existierte ein Schlüssel zur Kraft und zum Leben. Die Ägypter kannten ihn seit fünftausend Jahren. Vielleicht lächelte deshalb jenes Kamel am Sandplatz so geheimnisvoll. Aber auch mein Freund hatte recht. Das Geheimnis war nicht etwas Fernes, Verborgenes – es war zum Greifen nah.

Der Schlüssel zur Kraft lag weder in den Dingen, die ich getan hatte, noch in den Menschen, mit denen ich gesprochen hatte, weder in den Kristallen auf meinem Schreibtisch noch in den Büchern in meinem Regal.

Ich hatte ihn die ganze Zeit in meiner Hand gehalten. Er befand sich genau an der Stelle, worauf all mein Sinnen und Trachten gerichtet war.

Der Schlüssel zum Leben und zur Kraft ist einfach. Er birgt das Wissen darüber, wer wir sind – was wir denken, was wir fühlen, was wir glauben, was wir durchschauen, ja sogar was wir ahnen. Er gibt uns zu verstehen, wo wir waren, wo wir sind und wohin wir möchten. Diese Einsicht unterscheidet sich oft davon, wie wir unserer Meinung nach sein sollten, wie andere uns gerne hätten, was sie uns vorschreiben und was sie uns manchmal tatsächlich einreden.

Es gibt viele Drogen, die den Körper schädigen und die Seele abtöten – Alkohol, Kokain, Heroin, Marihuana. Daneben aber gibt es andere Drogen, deren narkotisierende Wirkung wir ignorieren. Verrat und Desillusionierung können uns so lange zermürben, bis wir allen Glauben, alle Hoffnung verloren haben. Wenn wir das ganze Leben lang eine Enttäuschung nach der anderen erleben, irren wir umher, sind isoliert und abgestumpft. Ob es plötzlich oder über Jahre hinweg geschieht – der Verlust des Glaubens zerstört uns allmählich genauso wie eine Spritze voll Heroin oder eine Prise Kokain. Die lähmendste Droge auf diesem Planeten führt nicht nur dazu, daß wir aufhören, an Gott zu glauben, sondern daß wir aufhören, an uns selbst zu glauben.

»Ich nehme es«, sagte ich. »Ich habe lange danach gesucht.«

Kurz nachdem ich meine Bilder – zum halben Preis – gekauft hatte, kam Essam zurück. Wir verbrachten einen geruhsamen Nachmittag, saßen beim Sandplatz und schauten uns im Fernsehen die ägyptische Version von *Versteckte Kamera* an. Dann kehrte ich in mein Hotel zurück. Ich wollte mich einmal ordentlich ausschlafen. Morgen wollte ich ins Innere der Pyramiden von Giseh gehen.

Heute hatte ich den Schlüssel zur Kraft in diesem Leben und in dieser Welt gefunden. Jetzt war ich bereit, meine »besonderen Kräfte« zu empfangen.

ICH UNTERBRACH MEINE AUSFÜHRUNGEN UND STARRTE die scheinbar unschuldig dreinblickende Frau an, die mich im Flughafen von Tel Aviv quälte.

Sie blieb völlig unbeeindruckt.

»Zeigen Sie mir Ihre restlichen Notizen«, forderte sie.

Ich zog ein weiteres Blatt hervor. »Das hab' ich noch«, sagte ich. »Aber damit können Sie bestimmt nichts anfangen.«

»Lesen Sie mir vor!«

»Das Ganze geht auf eine Unterhaltung mit meiner neunzehnjährigen Tochter zurück. Es ist nur eine Idee – ein Entwurf – für dieses Buch.«

»Sagen Sie mir, was da steht.«

Ich betrachtete die Worte auf dem Papier, das ich in der Hand hielt. Der Inhalt war mir äußerst peinlich. Ihn zu erklären würde schwieriger sein als die Beantwortung aller bisherigen Fragen.

10. KAPITEL

Die Kraft der Pyramiden

Von den sieben Weltwundern der Antike – zu welchen etwa die Hängenden Gärten Babylons oder der sagenumwobene Leuchtturm Alexandrias zählten – sind einzig und allein die ägyptischen Pyramiden erhalten geblieben. Zugleich aber bleiben diese massiven, von Menschen errichteten Bauwerke selbst nach Tausenden von Jahren in den Schleier des Mysteriums gehüllt.

Aufgrund der von Archäologen, Historikern und anderen Gelehrten entworfenen Innenansichten wissen wir heute, daß diese gigantischen Anlagen Grabmonumente waren – aus Stein erschaffene, mit kostbaren Schätzen gefüllte Tempel, die den ägyptischen Königen und Königinnen für das Leben nach dem Tode einen luxuriösen Aufenthaltsort boten.

Die Verstorbenen konnten ihren Besitz in die jenseitige, mystische Welt nicht direkt mitnehmen, aber die Pharaonen und Adligen glaubten, daß sie imstande seien, ins Diesseits zurückzukommen und sich an ihren hier angesammelten, im Grab verwahrten

Reichtümern zu erfreuen. Außerdem waren sie anfangs der Überzeugung, daß der Eintritt ins andere Leben ausschließlich der Oberschicht vorbehalten sei. Und dorthin wiederum gelangte man nur, wenn der Körper konserviert wurde, damit die Seele ihn jederzeit aufsuchen konnte. Die ägyptische Kultur entwickelte eine genauso raffinierte wie erfolgreiche Methode der Einbalsamierung. Auch die Position des mumifizierten Körpers war von großer Bedeutung. Er wurde genau unter dem Mittelpunkt der Pyramide beigesetzt. Darüber hinaus baute man die Pyramiden am Westufer des Nils, denn es herrschte die Auffassung vor, der Wohnsitz der Toten läge in Richtung der untergehenden Sonne.

Es heißt, daß die Menschen ein großes Geheimnis lieben. Dieser Ausdruck – »großes Geheimnis« – trifft besonders auf die Pyramiden von Giseh zu. Obwohl sie ein Wunder der Alten Welt darstellen, sind sie die Verkörperung des Wortes »Geheimnis« in unserer Kultur.

Wie die Menschen es damals fertigbrachten, diese gewaltigen Bauten zu errichten, hat zu vielerlei Spekulationen geführt – und läßt sich doch nicht mit letzter Sicherheit erklären. Mehr als zwei Millionen Steinblöcke, die jeweils etwa zweieinhalb Tonnen wiegen, wurden transportiert und behutsam zusammengefügt, um allein die Cheopspyramide zu errichten – die größte der drei Pyramiden von Gizeh. Waren sie das Resultat primitiver, von Ächzen und Stöhnen begleiteter Handarbeit? Oder benutzte man hierbei, wie einige

Leute vermuten, innovative Methoden und Werkzeuge, die seitdem verschwunden sind, die aber, wenn sie wiederentdeckt würden, mit der Technologie des Weltraumzeitalters durchaus konkurrieren könnten?

Auch die Entstehungszeit der Pyramiden gibt den Forschern Rätsel auf. Obwohl viele von ihnen darin übereinkamen, daß die Pyramiden von Giseh etwa 4300 Jahre alt sind, entfachen heute andere Experten, zum Beispiel Joseph Jochmans, die wissenschaftliche Diskussion von neuem, indem sie behaupten, daß diese magischen Monumente möglicherweise schon vor 12000 Jahren begonnen wurden.

Obwohl das »Wie«, das »Wann« und sogar das »Warum« der Pyramiden weiterhin eine ganze Reihe von Fragen aufwerfen, haben die Fachleute deren tiefstes Geheimnis wohl am allerwenigsten erörtert, ja ins Reich der Legende verbannt. Ich denke dabei an jene übernatürlichen Kräfte, die den gigantischen Grabmälern innewohnen sollen. Die großen Pyramiden von Giseh waren in der Zeit, da sie als Bestattungsplätze für die Leichname von Cheops, Chephren und Mykerinos dienten, offenbar Durchgangsstationen ins Jenseits. Jedenfalls glauben viele der Millionen Touristen, die – trotz der Gefahren des Terrorismus und eines möglichen Kriegsausbruchs – jährlich hierher strömen, und zahlreiche Bewohner wie Essam, daß die Pyramiden heute mehr noch als früher ein geheimes Tor darstellen – eine Art Passage, in der man mit der uns unbekannten Welt in Berührung kommen kann.

Mein Führer für die lang erwartete Expedition zu jenen besonderen Kräften war erneut Essams siebzehnjähriger Neffe. Während wir auf Pferden in Richtung der Pyramiden ritten, interpretierte er deren Funktion anders als sein Onkel. Es war Nachmittag. Wir hatten gerade einen felsigen Hügel erstiegen und durchquerten nun einen Wüstenfriedhof, auf dem die einfachen Leute beerdigt wurden.

»Es ist besser, in einer Pyramide bestattet zu werden«, sagte mein junger Begleiter, auf die staubigen Gräber deutend. »Hier bläst der Wind den Sand weg, und die Räuber stehlen alle Schätze.«

Seit unserer ersten nächtlichen Begegnung hatte Essam mir immer wieder gesagt, ich solle in die Pyramiden gehen, um dort zu meditieren. Ich wußte nicht, was er meinte mit »die Kräfte empfangen«. Außerdem schenkte ich seinen Worten nicht viel Glauben. Dennoch hatte ich seine strengen Anweisungen befolgt. In meinem Rucksack befanden sich die vier kleinen weißen Kerzen. Ich war weiß gekleidet. Und ich trug einen weißen Wollstoff um den Kopf, der von einem grünen Band zusammengehalten wurde. Das war mir allerdings ziemlich peinlich.

Ich hatte Essam meine Abneigung gegen einen solchen Turban deutlich gemacht, aber er bestand darauf. »Wenn du die besonderen Kräfte empfangen willst, mußt du das weiße Tuch tragen.«

Mürrisch hatte ich es bei einem der jungen Händler gekauft, der seine Waren auf dem Weg zwischen

Essams Laden und den Pyramiden feilbot. Es kostete zwei Dollar und fünfzig Cent.

Quer durch die Wüste auf eine der kleineren Stufenpyramiden zureitend, kam ich mir eher wie eine billige Imitation eines arabischen Scheichs vor denn als eine aufgeklärte Frau, die dabei war, sich mit dem Urquell der Kraft zu verbinden.

Ich wußte, daß es mit den Pyramiden etwas Besonderes auf sich hat. Das war mir bereits an meinem ersten Abend in Kairo klargeworden, als sie mich buchstäblich anzogen – selbst da, als ich von jenen finsteren männlichen Gestalten bedroht und in die Ecke am Zaun gedrängt wurde. Ich hatte die Kraft der Pyramiden jedesmal gespürt, wenn ich ihnen nahe kam. Daß sie eine starke Wirkung auf Giseh ausübten, stand außer Frage.

Aber ich hatte mir nie konkret vorgestellt, eine Grabstätte aufzusuchen, um dort zu meditieren – auch wenn sie sich in einem solch überwältigenden Steinmonument befand. Ich verstand nicht, welche mysteriösen Kräfte in einer Pyramide verborgen sein könnten oder wie sie mich beeinflussen sollten. Obwohl ich Essam mochte, ihn respektierte und ihm vertraute, dachte ich insgeheim, daß der große Aufwand, um in die Pyramiden zu gelangen und »die Kräfte zu empfangen«, bloß ein Touristengag sei.

Warum leben, wenn es hier eine übermächtige Kraft gibt, so viele Menschen in Armut? Warum sind die

Frauen dann so unfrei? Und warum ist der Straßenverkehr derart chaotisch? fragte ich mich.

Ich war skeptisch. Ich zweifelte an den »besonderen Pyramidenkräften«. Ich scheute davor zurück, ins Innere eines Grabes zu kriechen. Und ich war bestimmt nicht damit einverstanden, diesen lächerlichen weißen Fetzen um den Kopf zu binden.

Nachdem wir den Hügel und den Friedhof hinter uns gelassen hatten, lockerte ich die Zügel, gab dem Pferd einen kurzen Tritt mit den Absätzen und galoppierte über das Wüstenstück, das mich von den Pyramiden trennte. Es verblüffte mich immer noch, wie schnell ich reiten gelernt hatte. Aber darüber zermarterte ich mir nicht den Kopf. Mir schien, als ob ich schon mein ganzes Leben lang geritten wäre.

Die Fähigkeit, eine innere Barriere oder Blockade plötzlich zu durchbrechen und mit etwas zu beginnen, das vorher undenkbar war, flößte mir Ehrfurcht ein, und trotzdem hielt ich sie für fast selbstverständlich. *Wenn Menschen das können,* dachte ich, *dann können sie nahezu alles. Es geht einfach darum, welche Wahrnehmungen und Ängste wir haben und welche Grenzen wir uns selbst setzen.*

Als wir uns den großen Pyramiden näherten, zeigte Essams Neffe auf eine der kleineren daneben. Diese dienten als Grabmäler für die Gattinnen und Verwandten des Pharaos, sagte er. Dorthin wollten wir.

Wir ritten zu einer kleinen Hütte, in der der Pyramidenwächter untergebracht war. Wir stiegen ab, und mein Begleiter band beide Pferde fest. Kurze Zeit später kam ein schwergewichtiger, mißmutig dreinblickender Mann mit sonnenverbrannter Haut heraus und auf mich zu. Er trug Uniform und war der offizielle Wächter der Pyramiden. Er würde mich in die Grabkammer führen, damit ich meditieren und meine Kräfte empfangen konnte.

Essam hatte mich »präpariert«. Ich sollte den Wächter dafür bezahlen, daß er mir privaten Zutritt in die Pyramide gewährte. Nun, ich sollte ihn nicht wirklich bezahlen – ihm ein Trinkgeld geben. Aber Essam hatte mir auch nahegelegt, dies erst nach dem Ende der Meditation zu tun.

Der Wächter führte uns zu Fuß zum Eingang der Pyramide – ein kleines Loch an der Seite. Er fragte mich, ob ich bereit sei. Ich sagte ja und zeigte ihm meine vier weißen Kerzen. Er schüttelte verneinend den Kopf. *Er* hatte vier weiße Kerzen, die ich benutzen sollte. Er wolle damit sicherstellen, daß ich die Kräfte tatsächlich empfange.

Und wahrscheinlich will er auch sicherstellen, daß er ein höheres Trinkgeld bekommt, dachte ich.

»Okay«, sagte ich. »Wir nehmen Ihre Kerzen.«

Der dickleibige Wächter zwängte sich durch die schmale Öffnung. Ich folgte ihm, mit dem Kopf zuerst. Das funktionierte nicht. Also zog ich mich hoch und glitt, mit den Füßen voran, ins Innere. Ganz plötzlich war ich aus dem grellen Sonnenlicht über der Wüste in das pechschwarze Dunkel des Grabes getaucht.

Gebückt gingen wir durch einen engen Gang, der nur etwa einen Meter hoch war. Essams Neffe befand sich hinter mir. Wenig später hielt der Wächter an und entzündete eine der Kerzen.

Ich ließ den Blick durch die feuchte, modrige Finsternis schweifen. Die Wände reflektierten hier und da das schwache Kerzenlicht. Der Stein bröckelte. Er war von blassestem Gelb, fast gebrochen weiß.

Wir folgten einem Rundpfad, der ins Innere des Grabes führte. Nach einer Weile konnten wir fast aufrecht stehen. Dann gelangten wir an eine Kreuzung. Ein Weg bog nach rechts, der andere nach links ab. Wir gingen nach links. Schon bald erreichten wir einen nach hinten abgeschlossenen, grabähnlichen Raum im Zentrum der Pyramide. Der Boden war übersät mit herabgefallenen Gesteinsstücken. Ein Mauervorsprung von knapp einem Meter Höhe umgab die dreiseitige Kammer.

Der Wächter ließ flüssiges Wachs auf die Mauer tropfen und fixierte so die Kerze. Anschließend entzündete er die drei anderen Kerzen und plazierte sie sorgfältig und in gleichem Abstand auf dem Stein, so daß ein Halbkreis aus Licht entstand. Ich setzte mich mit dem Rücken zum hinteren Ende auf den Boden und rückte meinen weißen Turban zurecht.

Der Pyramidenwächter und mein Begleiter wünschten mir Glück, hofften, daß ich die Kräfte empfange. Dann ließen sie mich allein.

Ich saß auf dem Boden des Grabes. Das ist lächerlich,

dachte ich. Was tue ich hier? Wird einem so die Erleuchtung zuteil? Das Ganze erschien mir wie der Gipfel der Absurdität.

Ich hatte keine Ahnung, was ich als nächstes tun sollte.

Es war nicht das erste Mal, daß die Suche nach Erleuchtung mir das Gefühl gab, im Dunkeln zu hocken.

Ein Jahr zuvor war ich auf meiner Reise durch den Westen der Vereinigten Staaten in Sedona, Arizona, in ein indianisches Schwitzzelt gegangen. Ich wußte, daß es sich hierbei um ein heiliges Ritual handelt, das der körperlichen und geistigen Reinigung dient. Mehr war mir darüber nicht bekannt. Also stand ich genauso gehorsam wie respektvoll vor dem Zelt und ließ, ehe ich eintrat, die purifizierende Kraft des geweihten Rauches auf mich wirken. Dann stieg ich mit den anderen Teilnehmern durch die schmale Öffnung ins Innere. Ich beobachtete, wie der »Wächter des Feuers« glühende Steine ins Zelt trug und sie in eine Vertiefung des Bodens legte. Ich begriff, daß die Steine jene Hitze erzeugten, die uns zum Schwitzen bringen würde. Trotzdem wünschte ich mir eine Art Gebrauchsanweisung.

Als die indianische Schamanin die Zeremonie mit einem Gebet begann, hörte ich aufmerksam zu, schwitzte und kauerte mich an die Zeltwand. Meine Angst verstärkte sich, als klar wurde, daß jeder Teilnehmer etwas sagen sollte. Ich wollte mich dem Rhythmus dieser Erfahrung anpassen, soviel wie möglich von ihr profitieren, alles richtig machen.

Mir tropfte der Schweiß vom Gesicht. Voll konzentriert lehnte ich mich nach vorn, hing an den Lippen der Schamanin.

»Und nun erweisen wir dem Geist der Hefe unsere Hochachtung«, sagte sie, »der uns beschenkt mit ...«

Ich schnellte zurück. Der Geist der Hefe? Was war damit gemeint? Mein Verstand arbeitete auf Hochtouren. Ich überlegte, ob wir etwa das Brot oder die Landwirtschaft preisen sollten und was ich darüber sagen könnte, wenn die Reihe an mich kam. Ich dachte so intensiv nach, daß ich kaum mehr zuhörte. Zugleich versuchte ich, mich ruhig und besonnen zu verhalten.

Als ich die Stimme erheben sollte, brachte ich nur ein Murmeln heraus.

»Und nun danken wir dem Geist des Westens«, fuhr die Schamanin fort.

Ah ja, dachte ich. Der Geist des Ostens. Jetzt verstehe ich.

Bei anderer Gelegenheit mußte ich meinen Arzt, einen Spezialisten für ganzheitliche Heilmethoden, fast zwei Jahre lang konsultieren, um endlich herauszufinden, wovon er eigentlich sprach. Während dieser Zeit war er immer wieder auf mein »Orc-Feld« zurückgekommen. Ich hatte nicht die mindeste Ahnung, was er damit ausdrücken wollte. Irgendwie begriff ich, daß er von Energien redete, die jeden von uns durchströmen und den Körper auch außen umgeben. Da die eigentliche Arbeit mit ihm intensiv und äußerst hilfreich war, befragte ich ihn nicht weiter über mein »Orc-Feld«. Ich glaubte, das sei eine neue Entdeckung, die jeder außer mir schon kannte. Erst nach fast zwei Jahren ging mir durch die

Lektüre eines Buches ein Licht auf. Mein Arzt, mein Heiler, hatte über mein »auric field«, mein »aurisches Feld«, über meine Aura, gesprochen.

Es gab viele Dinge im Leben, die ich einfach nicht kapierte. Als ich jetzt in einem Grab am Rande der Sahara saß, wußte ich nicht, was zu tun war. Aber wenn diese »Session« mit Kopftuch mir helfen würde, dem fehlenden Teil ein Stück näherzukommen, wollte ich sie gerne auf mich nehmen. Ich sehnte mich nach dem Licht der Erkenntnis, nach den »besonderen Kräften«, wenn man sie tatsächlich empfangen und besitzen konnte.

Ich werde das tun, was ich kenne – meditieren, dachte ich.

Ich blickte mich um, nahm zwei der leichten, brüchigen Steine und behielt einen in jeder Hand.

Dann begann ich, wie gewohnt, zu beten.

Zuerst sprach ich das Vaterunser. »Vater unser, der du bist im Himmel. Geheiligt werde dein Name. Dein Reich komme. Dein Wille geschehe im Himmel wie auf Erden. Unser tägliches Brot gib uns heute. Und vergib uns unsere Schuld, wie auch wir vergeben unsern Schuldigern. Und führe uns nicht in Versuchung, sondern erlöse uns von dem Bösen. Denn dein ist das Reich und die Kraft und die Herrlichkeit, in Ewigkeit. Amen.«

Dann sprach ich das Ave Maria. »Gegrüßet seist du, Hochbegnadete! Der Herr ist mit dir! Gesegnet bist du unter den Frauen, und gesegnet ist die Frucht deines

Leibes, Jesus Christus. Heilige Maria, Mutter Gottes, bete für uns Sünder, jetzt und in der Stunde unseres Todes. Amen.«

Anschließend stimmte ich einen buddhistischen Gesang an, den ich gelernt hatte. *»Om ah hung vara guru padme siddi hung. Om mani pami hung.«*

Aber jetzt, dachte ich. Ich saß einen Augenblick still. Inzwischen war ich über und über mit Staub bedeckt. Die Kerzen waren ein Stück weit heruntergebrannt. Abgesehen davon aber hatte sich nichts geändert. Ich fühlte mich genauso wie vor dem Betreten der Pyramide.

Ich schloß die Augen und versuchte mich zu konzentrieren, doch die monotonen Stimmen zweier Personen außerhalb der Kammer lenkten mich ab. Ich fragte mich, wieviel die beiden wohl für diese erhebende Erfahrung bezahlt hatten.

»Sch!« zischte ich laut und sagte: »Ich *meditiere*.«

Daraufhin probierte ich es mit weniger formellen Gebeten. Ich betete für die Menschen, die ich liebe – für meine Tochter, meinen Sohn, meine Familie und meine Freunde. Ich betete auch für die Menschen, auf die ich böse war. Und ich schloß mit einigen Dankgebeten, in denen ich die mir zuteil gewordenen Wohltaten aufzählte und beschrieb.

Ich öffnete erneut die Augen und sah mich um. Es geschah noch immer nichts.

Ich streckte mich auf dem Boden aus, benutzte meinen Rucksack als Kissen. Jetzt würde ich »in meine *Chak-*

ren atmen«, jene Übung machen, die mir der bereits erwähnte Arzt kürzlich beigebracht hatte. Die *Chakren* gelten als Energiezentren des Körpers, als Öffnungen, durch die Kraft einströmt. Wenn man sie während der Meditation visualisiert und bewußt in sie hineinatmet, kann man inneren Ballast nach außen abgeben und neue Energie aufnehmen.

Ich stellte mir vor, für jedes *Chakra* einen sich drehenden Farbkreis zu atmen – angefangen beim untersten, dem sogenannten *Wurzelchakra*, bis zum obersten, dem *Scheitelchakra*. Beim untersten, am Ende der Wirbelsäule, sah ich einen roten Kreis; ein wenig unterhalb des Bauchnabels einen orangefarbenen; im Solarplexus einen gelben; im Herzen einen grünen; in der Kehle einen blauen; auf der Stirn einen violetten und am Scheitel einen weißen. Ich ging den Körper hinauf und hinunter, vergegenwärtigte mir die farbigen Kreise, die sich gegen den Uhrzeigersinn drehten. Das tat ich zehn oder fünfzehn Minuten lang mit geschlossenen Augen, tief ein- und ausatmend.

Ich glaubte allmählich »Das Licht« zu sehen, aber als ich die Augen aufschlug, merkte ich, daß nur die Kerzenflammen geflackert hatten.

Mein Zustand war nach wie vor der gleiche.

Jetzt fielen mir keine rituellen Handlungen mehr ein. Ich saß da, ließ den Blick schweifen, kam mir ganz dumm vor, beobachtete die brennenden Kerzen. Ich hoffte, die beiden Männer würden bald zurückkommen. Ich wünschte mir, kein so lächerliches Tuch um den Kopf zu haben. Ich sehnte mich nach einer Wasserpfeife mit *shisha* darin.

Ich hatte das Gefühl, versagt zu haben.

Ich saß und saß und wartete … zumindest eine Stunde lang. Nichts passierte. Und es würde auch nichts passieren. Ich wollte gehen. »Hilfe«, schrie ich leise. »Bitte kommt und holt mich.«

Sofort erschienen der Wächter und mein Begleiter im Eingang zur Kammer. »Warum habt ihr so lange gebraucht?« fragte ich.

»Wir saßen nur um die Ecke«, sagte der Wächter. »Das waren wir, die geredet haben. *Wir* haben auf *Sie* gewartet.«

Ich schnappte meinen Rucksack und folgte den beiden Männern erst durch den engen Durchgang, dann durch die Öffnung an der Seite der Pyramide hinaus ins gleißende Licht der Sahara. Ich wollte dem Pyramidenwächter soviel Geld geben, wie Essam mir empfohlen hatte, aber er machte ein derart finsteres Gesicht, daß ich ihm gleich etwas mehr in die Hand drückte. Dann ritten mein Führer und ich zurück zum Sandplatz.

Dort angekommen, stieg ich ab, überreichte dem jungen Mann ein Trinkgeld und suchte nach Essam, um mich zu verabschieden.

Ich war durstig, staubig, schmutzig und entmutigt. Für heute war ich fix und fertig.

»Und, hast du die Kräfte empfangen?« fragte Essam ernsthaft.

»Ja«, log ich, »hab' ich.«

Das ist ja unglaublich, dachte ich im Taxi auf dem Rückweg zum Hotel. Diesmal hast du dich wirklich selbst übertroffen.

In meinem Hotelzimmer plumpste ich aufs Bett und starrte an die Decke.

Wieder einmal fühlte ich mich entwürdigt, unbedarft und betrogen.

Ich weiß nicht mehr, wann es geschah, aber plötzlich hörte ich auf nachzugrübeln und fing an, laut zu sprechen.

»Ich kapier' es nicht«, sagte ich. »Ich kapier' es einfach nicht. Ich habe echt genug davon, der Wahrheit hinterherzujagen. Ich bin all des Leids auf diesem eigentlich unbewohnbaren Planeten überdrüssig. Ich will nicht weiter versuchen, mein Leben zu gestalten, und dabei immer wieder auf die Nase fallen. Ich habe keine Lust mehr, jedesmal aufzustehen, es noch einmal zu probieren, nur um erneut zu stolpern und umzukippen. Ich habe es satt, Schmerz ertragen zu müssen und das dann als Lernerfahrung zu bezeichnen – mit der Folge, daß weder Schmerz noch Lernerfahrung je ein Ende nehmen. Ich bin es leid, mir mehr Mühe zu geben, es besser zu machen und jemand zu sein, der ich nicht bin. Diese ganze Sache ist faul.

Wozu das alles?« schrie ich zur Decke. »Warum müssen wir hierherkommen, wenn doch das Leben sich ständig gegen uns verschwört und die Dinge so kompliziert wie möglich macht?«

Das Leben schmerzte. Mir tat alles weh. Mein Geist schmerzte. Meine Gefühle schmerzten. Und mein Hintern schmerzte vom Reiten.

Mir schien, als hätte ich auf Schritt und Tritt mit dem Teufel gekämpft.

»Oh, ich kann damit fortfahren«, sagte ich laut. »Ich kann weiterhin eine enttäuschende Erfahrung nach der anderen durchstehen. Ich kann mich noch mehr abmühen. Ich überlebe immer, nicht wahr? Das war auch in fast achtundvierzig Jahren so. Ich bin eine starke Frau. Ich gehe durch dick und dünn. Wie ein Soldat. Jawohl, das bin ich. Ich verstehe es meisterhaft, mich mit Kummer, Enttäuschung, Verrat und Problemen aller Art auseinanderzusetzen. Ich habe gelernt, für jedes bißchen davon dankbar zu sein. Ich habe mir beigebracht, wie man in den Schmerz hineinatmet. Ich habe erkannt, wie man ihn zu Bewußtsein bringt und verarbeitet, wie man ihn optimal nutzt und verwandelt, ja sogar wie man aus ihm eine heilsame Erfahrung für andere Menschen macht. Genau, ich kann das. Ich habe den Schmerz zu einer Kunstform stilisiert ...«

Das ist es, dachte ich plötzlich. Ich erhob mich vom Bett, stand in der Mitte des Hotelzimmers. »Heureka!« rief ich. »Ich hab's.«

Ich dachte zurück an den Sommer vor dieser Reise.

Eines Tages schaute Nichole bei mir vorbei. Sie machte gerade eine schwere Zeit durch – die Übergangsphase vom Teenager zur Erwachsenen. Monatelang hatte sie sich in einem Sumpf von Gefühlen befunden. An jenem Tag beklagte sie sich über ihre Qual – über alle Qualen, die das Leben einem bereitet.

»Du solltest glücklich sein«, sagte ich. »Heute ist Freitag.«

Sie starrte mich entgeistert an. »Endet dein Schmerz immer freitags?« fragte sie.

Wir hörten uns auf der Stereoanlage Janis Joplin an, die mit krächzender Stimme »Me and Bobby McGee« und »Get It While You Can« sang. Dann erzählte mir Nichole, wie ihrer Meinung nach das Leben beschaffen ist.

»Meine Freundin Jen und ich haben es während des Mittagessens herausgefunden«, erklärte sie. »In dieser Welt gibt es zwei Arten von Menschen: die Schweine und die Vampire. Die Schweine denken, daß sie glücklich sein werden, wenn sie sich ein neues Haus kaufen, heiraten, ein neues Auto anschaffen oder eine neue Stelle antreten. Sie glauben wirklich, daß diese kleinen Dinge den Schmerz beseitigen. Und irgendwie funktioniert das auch. Sie gehen einfach zum Bowling oder zum Golf, das genügt ihnen. Die Vampire sind anders. Sie sind durch eine Art Tunnel gegangen, haben gewisse Erfahrungen hinter sich, die bei ihnen eine grundlegende Veränderung bewirkten. Es ist nicht so, daß sie da nie rausgekommen wären. Nur sind sie durch diese Erlebnisse anders als vorher. So verfügen sie über eine tiefe Einsicht. Zwar tun sie das gleiche wie die Schweine – kaufen neue Autos, ziehen um, heiraten, wechseln den Arbeitsplatz. Aber sie wissen, daß diese Dinge sie nie glücklich machen werden. Sie haben erkannt, daß das Leben manchmal schmerzt,

zumindest ein bißchen; und daß es manchmal sehr weh tut.«

Ich brauchte eine Weile, um zu begreifen, daß Nichole das Wort »Vampir« nicht in der Bedeutung verwendete, die mir geläufig war. Sie sprach nicht von Werwölfen, Ungeheuern, Blutsaugern oder menschlichen Parasiten. Sie sprach von Schweinen und Vampiren so, wie zwei College-Mädchen über zwei Fußballmannschaften sprechen würden. Das waren lediglich Ausdrücke oder Bezeichnungen für die Menschen in den beiden Mannschaften des Lebens.

»Nicht, daß Vampire nie glücklich wären«, fuhr Nichole fort. »Aber sie sind es auf andere Weise. Sie empfinden alle ihre Gefühle. Und bisweilen erleben sie Augenblicke reiner Freude. Aber sie sind sich dessen bewußt, daß diese Augenblicke nicht ewig dauern. Und schon geben sie sich der nächsten Erfahrung, dem nächsten Gefühl hin.

In mancher Hinsicht sind die Vampire sogar glücklicher als die Schweine, weil sie wissen, wie sie sich im Grunde fühlen. Sie sagen die Wahrheit, und die Menschen mögen das. Man ist gern mit ihnen zusammen, obwohl die Vampire meistens alles mögliche in sich hineinsaugen. Aber sie akzeptieren den Schmerz und verwandeln ihn in etwas Größeres. Sie machen was daraus.«

Ich erinnerte mich an einen Brief von einem jungen Mann, den ich am ersten Weihnachtsfeiertag getroffen hatte, als ich zum ersten Mal den Halbmond mit Stern am Himmel sah.

Er war Anfang Zwanzig. Er und seine Mutter waren mit einer meiner Freundinnen befreundet. Alle drei kamen zu

Nichole und mir zum Weihnachtsessen. Im Jahr davor wäre der junge Mann fast gestorben. Dann hatte er beschlossen, ins Leben zurückzukehren, und über diese Entscheidung waren er und seine Mutter sehr froh.

»Ich träume ebenfalls davon, Geschichten zu erzählen«, schrieb er in jenem Brief, mit dem er mir für den gemeinsam verbrachten Tag dankte. »Manchmal frage ich mich, ob ich überlebt habe, um etwas von dem zurückzugeben, was ich gelernt habe. Ich hoffe, daß Zweck und Sinn meiner Existenz auf diesem Planeten auch darin bestehen, mit den in der Dunkelheit gewonnenen Einsichten das Leben zu erhellen. Ich glaube, wir transzendieren diese tragischen Erfahrungen, indem wir uns dem Weltall zuwenden und uns tief ins eigene Innere versenken. Dadurch können wir das Unglück in eine Kraft verwandeln, die uns und anderen hilft. Dadurch transzendieren wir sogar unseren Überlebenskampf.«

In Gedanken kehrte ich an den Beginn der Reise zurück, als ich in Paris durchs Musée de l'Homme und den Louvre geeilt war. Dieser Rundgang brachte mich bereits mit den Themen in Berührung, die mich dann immer mehr beschäftigten, dachte ich. Er stellte den Ausgangspunkt, den Anstoß für die weiteren Abenteuer dar. Von dort aus führte eine direkte Linie hierher nach Ägypten. Dort war alles schon vorhanden. Ich hatte gesehen, was das Leben auf diesem Planeten auf immer und ewig bestimmt – Geburt, Gesundheit, Heirat, Ehe, Familie, Religion, Weissagung, Tod. Und ich hatte die Kunstwerke betrachtet, die aus diesen sowohl schmerzlichen als auch freudvollen Erfahrungen resultieren – jene kostbaren und reichhaltigen Sammlungen, die die Hallen des Louvre füllen.

Die Evolution ist nicht etwas, das in früher Urzeit einmal stattgefunden hat. Unser Planet, das Leben und die Menschen auf ihm entwickeln sich ständig weiter. In dem Maße, wie wir uns durch unsere Themen und Probleme durcharbeiten, finden die diesbezüglichen Erfahrungen Eingang in Arbeiten und Werke, die dann der Welt nützlich sein können. Diese Schöpfungen unterstützen unsere eigene Entwicklung, aber auch die der anderen.

Wir sind nicht nur hier, um unser Leben zu leben und unsere Werke zu schaffen. Wir sind ein Teil jenes größeren Werkes, das geschaffen wird.

Sehr lange lauerte in meinem Hinterkopf die coabhängige Ermahnung, daß ich, wenn ich Gott innig liebte und wirklich gute Werke tun wollte, gezwungen sei, das Gelübde der Keuschheit und der Armut abzulegen und so zu leben wie die Menschen, denen ich diente. Jetzt aber, im Hotelzimmer in Kairo, wurde mir allmählich klar, daß *viele* von uns dieser Maxime schon immer gefolgt sind. Wir verleugnen das eigene Selbst und bewegen uns ganz im Gefühls- und Erfahrungsbereich derer, denen wir zu Diensten sind.

Ein Leben ohne Drama und Schmerz, Komödie und Ironie, Romantik und Leiden, ohne ein bißchen Verrücktheit und ein wenig unglückliche Liebe wäre wie ein Film ohne Handlung. Das Leben ist nicht *nur* Qual, Kummer und Tragödie, vielmehr gehören diese Elemente notwendig mit dazu, und zwar schon von je.

Aus dem Rohmaterial unserer Erfahrungen geht unsere Kunst hervor – die Kunst, das eigene Leben zu gestalten, und die Kunst, die wir in unserer Arbeit zum Ausdruck bringen. Wie oft boten mir gerade jene Erlebnisse, die ich verdrängen wollte, das Rohmaterial, das ich in Kunst und Wahrheit verwandeln sollte! Nichole hatte recht. Diese Art, zu leben und schöpferisch zu sein, beinhaltet vor allem, daß man die Wahrheit sagt. Auch mein neuer Freund, der mir den Brief geschrieben hatte, lag richtig. Eine solch tiefgründige, hingebungsvolle Haltung gegenüber dem Leben und der Arbeit erlaubt uns, Überlebenskampf und Martyrium zu transzendieren und die Wahrheit zu erhellen für andere. Es geht nicht um die Kunst, für alle Zeiten glücklich zu sein, sondern um die Kunst, zu lernen, wie man sich seines Daseins erfreut.

Das ist der Weg, den Christus ging.

Ich habe eine Freundin, eine Operndiva von der Ostküste. Am Anfang ihrer Karriere, als sie eine schöne junge Frau war, studierte sie Mozarts »Requiem« ein. Ihr Lehrer an der Juillard School of Music, Leonard Bernstein, fragte sie damals, wie sich eine so junge Frau mit einer glänzenden Zukunft für eine derart schwierige Arbeit begeistern könne. Sie antwortete, daß ihr dies gar nicht bewußt sei, daß sie sich der Musik einfach hingebe. Die nächsten Jahre widmete sie sich intensiv ihrem Gesang. Dann heiratete sie und brachte zwei wunderbare Söhne zur Welt. Als ihr jüngster Sohn zwanzig war, kam er bei einem Motorradunfall ums Leben.

»Jetzt weiß ich, warum ich so für das ›Requiem‹ schwärmte«, sagte sie. »Es war mein Schicksal, dieses Lied aus tiefster Seele zu singen. Das Problem war nur: Als ich endlich gelernt hatte, das ›Requiem‹ mit Leidenschaft und Einfühlungsvermögen zu singen, war ich so verbittert und unglücklich, daß ich nicht mehr singen wollte.«

Sie erzählte mir eine andere Geschichte über einen früheren Komponisten. Er betrachtete sich selbst als Handwerker, als einen Menschen, der sich jeden Tag genauso eifrig darum bemüht, seine Musik zu komponieren, wie etwa ein Schneider die Maße nimmt und Kleider näht.

Der Handwerker-Künstler geriet jedoch in eine Schaffenskrise. Er kam einfach nicht weiter, konnte keine einzige Note mehr schreiben. Eines Tages, als ihn seine mangelnde Inspiration wieder einmal quälte und peinigte, öffnete er das Fenster. Er hörte drei zauberhaft auf einem Horn gespielte Töne. Sie schienen aus einer nahegelegenen Scheune zu dringen. Jedesmal, wenn der Komponist an den folgenden Tagen das Fenster öffnete, vernahm er diese drei betörenden Töne. Schließlich verließ er sein Zimmer, um herauszufinden, woher sie stammten. Er entdeckte einen kleinen Jungen, der sich in der Scheune versteckt hatte und auf einem Horn spielte.

Der Komponist sprach eine Weile mit dem Jungen. Er erfuhr, daß sein Vater ihn schrecklich prügelte und ihm das Musizieren verbot. Um sich den täglichen Schlägen zu entziehen und ungehindert auf dem Horn spielen zu können, ging der Junge heimlich in die Scheune und spielte die einzigen drei Noten, die er kannte.

Der Tonkünstler benutzte diese als Inspirationsquelle und Grundlage für sein nächstes Stück – den herrlichen, schwungvollen »Donauwalzer«; der Komponist war Johann Strauss.

Einige von uns hören in ihrem Leben eine ganze Reihe von emotionalen Tönen und lernen sie zu singen. Andere singen oder spielen nur einige wenige. Wie viele Töne in uns erweckt werden, spielt keine Rolle. Es kommt einzig und allein darauf an, daß wir sie so gut, so rein, so schön wie möglich singen. Dann hat unser Leben und unser Tun nicht nur eine heilsame Wirkung auf andere, sondern auch auf uns selbst.

Im Anschluß an ihre Geschichten sagte mir die befreundete Opernsängerin noch folgendes: Wenn wir uns jede erdenkliche Mühe geben, das Handwerk des Lebens und des künstlerischen Schaffens voller Aufrichtigkeit und Freude zu erlernen, bilden wir unsere Stimme und unsere Seele dazu aus, den letzten, höchsten, vibrierendsten Ton zu singen, den reinsten der ganzen Tonleiter, den Opernsänger durch harte Arbeit zu erreichen suchen.

Das ist der volle, unerschöpfliche Ton des Friedens.

In weniger als einer halben Stunde hatte hier, im Hotelzimmer mitten in Kairo, meine lebenslange Unzufriedenheit ihre Fratze gezeigt und zugleich die dahinter verborgene Wahrheit enthüllt. Mir schien, als wäre ein Wirbelwind durch mein Inneres gefegt, um mich von diesen dunklen Überresten der Vergangenheit zu befreien.

Daß es in meinem »Gefühlshaushalt« solch erschreckende Geheimnisse gab, war mir nicht unbedingt neu. Ich hatte über Jahre hinweg mit ihnen, durch sie, ihnen zum Trotz gelebt. Bahnbrechend aber war der Gedanke, daß ich von diesen falschen Ansichten und quälenden Emotionen, die meine Vorstellung, meinen Geist so lange getrübt hatten, geheilt oder erlöst werden konnte.

Ich war weder stolz noch euphorisch. Doch mein Gefühlszustand hatte sich deutlich gebessert. In dem Wirbelwind, der nach meiner Exkursion in die Pyramide losgebrochen war, hatte sich meine Skepsis ebenso aufgelöst wie meine Verachtung. Statt dessen empfand ich nun eine Erregung, eine unbändige Freude und einen Lebenssinn wie schon lange nicht mehr.

In diesem geheimnisvollen Grab *war* etwas geschehen. Eine Kraft hatte sich manifestiert. Das konnte ich jetzt fühlen und erkennen. Die äußerst anstrengende Exkursion diente einem bestimmten *Zweck*. Obwohl ich geglaubt hatte, völlig im dunkeln zu tappen, war unterdessen etwas Wichtiges und Wunderbares geschehen.

In den Pyramiden lagen Geheimnisse, alte Weisheiten und besondere Kräfte verborgen. Nun wurden diese Einsichten und Energien freigesetzt. Ich hatte die Grenzen einer unbekannten Welt berührt.

Das Mysterium des Lebens offenbarte sich mir allmählich.

BISHER HATTE ICH AUS NUR EINEM ausgepackten Koffer gelebt. Ich war unschlüssig, wie lange ich in Kairo bleiben und wohin ich als nächstes fahren würde. Ursprünglich hatte ich vorgehabt, die Reise damit zu beenden, daß ich nach Griechenland flog und dort mein Buch schrieb – aber dieser Plan war noch immer nicht Wirklichkeit geworden.

Trotz der Sprachbarrieren, des unerträglich chaotischen Verkehrs, der Überbevölkerung, trotz meiner besonderen Vorsicht gegenüber dem Essen, meinem hartnäckigen Bauchschmerz und der großen Anzahl von Leuten, die Trinkgelder beanspruchten, ob sie dafür nun eine Dienstleistung erbracht hatten oder nicht, war Kairo mit seinem Vorort Giseh zu meinem Zuhause geworden.

Ich überlegte mir unverzüglich, wie es weitergehen sollte, ob ich abreisen sollte oder nicht. Es gibt Zeiten und Orte verstärkten und beschleunigten geistigen Wachstums. An einem solchen befand ich mich gerade.

Ich würde also in Ägypten bleiben und mein Buch dort schreiben.

»WAS STEHT AUF DIESEM PAPIER, das Sie vor mir verstecken?« fragte mich die Vernehmungsbeamtin in Tel Aviv.

Verlegen zeigte ich ihr die beiden Wörter, die unten auf das Blatt gekritzelt waren. »Vampir-Kunst«, sagte ich. »Mehr steht da nicht. Sie sind an mich selbst gerichtet.«

»Ich verstehe«, sagte sie.

»Öffnen Sie Ihren Computer. Ich will sehen, welche Dateien sich darin befinden.«

»Ich würde sie Ihnen gerne zeigen«, sagte ich. »Aber es gibt keine. Ich kam nicht zum Schreiben. Eine bestimmte Sache warf meine Pläne über den Haufen.«

Sie sah mich ungläubig an.

Ich begann, mich durch den nächsten Abschnitt meiner Geschichte zu tasten. Auch ich verstand diese plötzliche Änderung noch nicht ganz, die mich Ägypten entrissen und zunächst ins Verhör in Kairo, dann in Tel Aviv getrieben hatte.

Was ich bisher noch nicht erklären konnte, wurde mir jetzt aber allmählich klarer.

11. KAPITEL

Das Hämmern geht weiter

Essam hatte mir die Adresse eines kleinen Hotels in einer Wohngegend bei Giseh gegeben. Tagelang hatte er mich sanft zu überreden versucht, in ein billigeres Hotel umzuziehen, wo ich mich heimischer und wohler fühlen würde. Jetzt beschloß ich, den Versuch zu wagen und die dafür nötigen Schritte zu unternehmen.

Als ich das neue Hotel inspizierte, zeigte mir der Geschäftsführer eine Suite. Sie war eher einfach, in der landesüblichen Art und Weise eingerichtet – und angemessen im Preis. Ausgestattet mit einem großen Bad, Wohn- *und* Schlafzimmer, hatte sie etwas von einem Apartment. Das war der perfekte Ort zum Schreiben. Von hier aus kam man mühelos und schnell zur Wüste. Ich konnte meinen Computer auspacken, mich einrichten und auf die intensiven Arbeitsphasen immer wieder konzentrierte Meditationen in den Pyramiden folgen lassen.

Die dort seit alters gespeicherte Energie, an die ich mich angeschlossen hatte, würde meinen hohen inneren Spannungszustand aufrechterhalten.

Ich kehrte zum Hotel im Zentrum von Kairo zurück, checkte aus und lud meine Sachen ins Taxi. Zunächst aber fuhr ich in Richtung Sandplatz. Ich wollte noch einmal zu den Pyramiden, um mir eine weitere »Kraftdosis« zu holen.

Ich deponierte mein Gepäck in Essams Laden und bestieg ein Kamel, um zu der kleinen, magischen Pyramide aufzubrechen, deren Energie tags zuvor so spürbar gewesen war. Mein weißes Kopftuch hatte ich im Koffer verstaut. Ich hielt es nicht für nötig, es diesmal zu tragen. Aber Essam hatte darauf bestanden, daß ich ganz in Weiß gekleidet bin, »um die Kräfte zu empfangen«.

Als das Kamel den engen Pfad zur Wüste entlangtrottete, kaufte ich also trotzdem wieder ein weißes Tuch und band es um den Kopf. Ich wußte nicht wirklich, was in der Pyramide geschehen war – und inwieweit der weiße Fetzen mit dem Geheimnis zu tun hatte. Zweifellos aber *war* ich starken Einflüssen ausgesetzt gewesen, und dieses Erlebnis wollte ich jetzt noch verstärken, selbst auf die Gefahr hin, lächerlich auszusehen.

Erneut ritt Essams junger Neffe neben mir. Bei der Pyramide lächelte ich dem bulligen Pyramidenwächter mit der sonnengegerbten Haut zu und folgte ihm erneut durch die winzige Öffnung an der Seite. Ich kauerte mich zusammen, ging durch den engen, gewundenen Tunnel. Der Wächter stellte vier weiße Kerzen auf den Mauervorsprung, der die kleine Kammer im Zentrum der Grabstätte umschloß. Daraufhin verschwanden er und mein Begleiter, damit ich in der Abgeschiedenheit mehr von der »besonderen Kraft« empfangen konnte.

Diesmal saß ich mit gekreuzten Beinen auf dem Boden, schloß die Augen und bat Gott, mir zu helfen. Ich fing an zu meditieren, atmete die Luft und die Energie dieses feuchten, geheimnisvollen Ortes ein. Blitzartig traf sie mich, schoß durch den Scheitel in meinen Körper.

Die Wucht dieser Kraft schleuderte mich nach hinten, warf mich flach auf den Boden. Wie elektrisiert sträubten sich die Haare auf meinen Armen. Mit der Gewalt eines Tornados fegte der unergründliche Wirbel vom Kopf bis zu den Zehen durch mich hindurch und lud mich innerlich auf.

Wahrscheinlich hatte er mich auch gestern schon ergriffen, nur war ich da noch zu sehr blockiert, zu sehr mit meinen dumpfen Überzeugungen und dunklen Gefühlsresten beschäftigt gewesen, um ihn zu spüren. Jetzt nahm ich ihn unmittelbar wahr.

Der gestrige Tag war der entscheidende Schritt gewesen – die Vorbereitung für den heutigen.

Es gibt erhabene Orte, an die wir uns begeben können, um mit jenen früheren Energien und Weisheiten in Verbindung zu treten, die verschüttet und dem direkten Zugriff entzogen sind. Diese gewaltigen, plötzlich entfesselten Kräfte zielen darauf ab, uns von überflüssigem Ballast zu befreien, damit sie sich im Innern manifestieren können.

Nach Beendigung der Meditation gab ich dem Wächter ein Trinkgeld, ritt auf dem Kamel zurück zum Sandplatz, bezahlte meinen Begleiter und dankte Essam. Ohne mich genau festzulegen, wollte ich ihn und die Pyramiden erst in einigen Tagen wieder besuchen. Ich war bereit, mich an die Arbeit zu machen.

Als ich in meinem kleinen Hotel bei Giseh ankam, empfing mich der Besitzer und gab mir den Zimmerschlüssel. Mit dem langsamen, knarrenden Aufzug fuhr ich in den neunten Stock, schlenderte zu dem mir zugewiesenen Zimmer und öffnete die Tür.

Ich schaute mich um, riß die Augen auf und konnte es nicht fassen. Dieses Zimmer war dunkel und ungefähr so groß wie ein geräumiger Wandschrank – überhaupt nicht zu vergleichen mit dem Apartment, das mir gezeigt worden war. Ich ging zu dem kleinen Fenster, öffnete die schmutzigen Vorhänge und blickte hinaus. Der Raum war nicht nur winzig und düster, sondern lag auch noch direkt gegenüber einem Bauplatz.

Dieser Schock beschwor unangenehme Erinnerungen an den Sommer vor dieser Reise herauf.

Ich hatte ein Häuschen am Meer gemietet. Dort konnte ich von jedem Zimmer aus die Wellen hören. Die warme kalifornische Sonne verbarg sich nur selten hinter den Wolken. Ich konnte schreiben, am Strand spazierengehen und nach dem Morgenkaffee im Ozean schwimmen, also in der Natur leben und arbeiten. Es war nicht unbedingt ein Traumhaus, in dem ich wohnte, aber für mich war es himmlisch – bis das Hämmern losging.

Es begann mit einem einfachen »Zu verkaufen«-Schild an der Tür des Hauses nebenan. Für die riesige Villa, die mein Häuschen noch kleiner erscheinen ließ, war bald ein Käufer gefunden. Die neuen Besitzer räumten alles aus und fingen an, das Gebäude von Grund auf zu renovieren. In Kalifornien stehen die Häuser oft dicht nebeneinander. Die Villa grenzte fast direkt an mein Arbeits-, Schlaf- und Wohnzimmer. Jeden Morgen wurde ich noch vor dem Signal meines auf sieben Uhr gestellten Weckers durch Hämmern, Radiogeräusche und die lauten Stimmen der Arbeiter wach. Fast jeden Tag war der Lärm so stark, als käme er aus meinem Wohnzimmer.

Das Hämmern ging weiter, Tag für Tag – manchmal sechs oder sieben Tage in der Woche.

Es sollte fast ein Jahr andauern.

Jedesmal, wenn ich das Arbeitszimmer betrat, schien der Krach lauter zu werden. Selbst die heilsamen Kräfte der Natur – die Sonne, die frische Luft, die Brandung – konnten die Wucht der extrem störenden Hammerschläge nicht dämpfen.

Ich wollte umziehen, nahm über fünfzig andere Häuser in Augenschein, aber keine Tür tat sich mir auf. Ich war gezwungen, neben einem Bauplatz zu wohnen. Also versuchte ich, aus der Situation das Beste zu machen, gestand meinen Nachbarn das Recht zu, ihre Villa instand zu setzen, und mir das Recht, genervt zu sein. Aber die Mischung aus ihrem Lärm und meiner Gereiztheit hielt mich davon ab, zu arbeiten und in Frieden zu leben.

Als ich jetzt in Giseh aus dem Fenster dieses erbärmlichen Zimmers blickte und den großen Bauplatz mit Preßlufthämmern, Maschendraht und laut redenden Arbeitern sah, schüttelte ich nur den Kopf. Das wird nicht funktionieren, dachte ich. Das hat überhaupt keinen Sinn.

Ich fuhr in die Empfangshalle hinunter und beschwerte mich beim Geschäftsführer.

»Das ist nicht das Zimmer, das Sie mir gezeigt haben«, sagte ich. »Ich möchte ein großes Zimmer wie jenes, das ich zuerst gesehen habe. Ich will Fenster, damit Licht hereinkommt. Außerdem habe ich keine Lust, neben einer Baustelle zu wohnen und zu schlafen. Ich beabsichtige, hier zu arbeiten. Das habe ich Ihnen deutlich gesagt. Ich brauche Ruhe und Frieden.«

Der Hoteldirektor, ein feiner, älterer Araber, der einen Anzug trug, hatte plötzlich Probleme, Englisch zu sprechen. Er tat, als ob er mich nicht verstehen würde, stotterte herum, sträubte sich ein bißchen, war aber schließlich bereit, mir ein besseres Zimmer zu geben – das einzige, das er noch hätte. Natürlich sei er gezwungen, den Preis zu erhöhen. Ich erklärte mich einverstanden, wollte jedoch zuerst das Zimmer sehen. Er zeigte es mir. Es war dasselbe, das ich ursprünglich gesehen hatte.

Ich nahm ihn in die Zange.

»Wird es hier wirklich ruhig sein?« fragte ich.

»Ja«, erwiderte er.

»Sie versprechen es mir?« fragte ich weiter.

»Ja«, wiederholte er und versicherte, daß das Zimmer meinen Wünschen vollauf entsprechen würde. Ich ließ meine Sachen kommen, und zum ersten Mal seit meiner Abreise aus den Vereinigten Staaten packte ich alles aus. Ich hängte meine Kleider in den Wandschrank, verstaute die kleineren Teile in den Schubladen. Ich holte das Waschzeug hervor und meine Aufzeichnungen. Den ganzen Abend verbrachte ich damit, den Raum herzurichten. Ich war weit weg von zu Hause, aber ich wollte mich heimisch und geborgen fühlen.

Am nächsten Tag packte ich endlich auch meinen Computer aus. Wegen der hier höheren Stromspannung schloß ich den mitgebrachten Adapter an. Dann schaltete ich das Gerät ein, legte eine neue Datei an und tippte ein oder zwei Wörter, um in Gang zu kommen. In diesem Augenblick begann es.

Zuerst war ein lauter Schlag zu hören. Sekunden später folgte der zweite, dann ein dritter.

Bald fügten sich die Schläge zu einem ständigen, unregelmäßigen Rhythmus, der die Wände, den Boden und die Beine des kleinen Tisches erschütterte, an dem ich saß und auf meine neue Datei starrte.

Ich wußte nicht, woher dieser Lärm kam, aber meine Irritation wuchs mit jedem Schlag, der den Raum erzittern ließ. Ich gab mir selbst den Rat, das Hämmern zu ignorieren. Dann fing mein Bauch an zu schmerzen. Er tat wirklich weh. Ich zwang mich, auf den leeren Bildschirm zu schauen, versuchte, irgend etwas zu schreiben. Je mehr ich mich um Konzentration bemühte, desto heftiger erschütterte das Hämmern die Wände und mein Inneres – und desto stärker wurde der Schmerz im Bauch.

Was ist nur los mit dir, daß du mit so einem kleinen Krach nicht fertig wirst? dachte ich. Reiß dich einfach zusammen, mach deine Arbeit, und achte nicht auf diese Geräusche.

Ich hörte sie trotzdem.

Schließlich schob ich den Stuhl zurück und ging zum Hotelflur. Ich blickte mich um, um die Quelle des Lärms und meines Ärgers ausfindig zu machen. Ich brauchte nicht lange zu suchen. Die Tür des Zimmers nebenan stand weit offen. Ein dunkler, spindeldürrer Mann saß mit gekreuzten Beinen auf dem Boden, wenige Zentimeter von der Wand entfernt. In der Hand hielt er einen riesigen Holzhammer, den größten, den ich je gesehen hatte. Alle paar Sekunden hob er ihn über den Kopf und schlug damit gegen die Wand. Jedesmal sprang ein winziges Stück vom dicken, betonartigen Verputz ab, der diese alten ägyptischen Wände bedeckte.

Der Mann machte keine schnellen Bewegungen, schlug aber fest zu. Offenbar war er noch dabei, den richtigen Rhythmus zu finden. Das Loch, das er in die Wand gehauen hatte, maß weniger als zehn Zentimeter.

»Entschuldigen Sie«, sagte ich.

Er schaute in meine Richtung.

»Wie lange wird dieses Hämmern noch dauern?« fragte ich.

Er ließ den Blick durchs Zimmer schweifen und gestikulierte. »Bis alle Wände abgetragen sind«, sagte er.

Ich holte tief Luft, dankte ihm und kehrte in mein Zimmer zurück.

Ich setzte mich erneut hin, nahm all meine Kraft zusammen, um mit dem Schreiben zu beginnen und den Lärm zu überhören. Es klappte nicht. Je mehr ich das Hämmern zu verdrängen suchte, desto lauter erschien es mir. Sobald ich das dumpfe Geräusch des Hammers vernahm, der die Wand traf, wartete ich auf den nächsten Schlag.

Ich erhob mich vom Tisch und beschloß zu meditieren. Ich legte mich aufs Bett, schloß die Augen, entspannte den Körper und ließ mich in einen tiefen, fast hypnotischen Zustand sinken, wobei ich mir ringsumher ein weißes Licht vorstellte und jene Kraft wiederherzustellen gedachte, die mich in der Pyramide durchblitzt hatte. Als ich mich mehr und mehr entspannte, prägte ich mir den festen Vorsatz ein: Wenn ich aus diesem Zustand auftauche, weiß ich, was als nächstes zu tun ist. Ich werde in mich gehen. Dort finde ich die Antwort, die ich brauche.

Ich meditierte fast eine Stunde lang.

Als ich aufstand, fühlte ich mich ruhig und gelassen. Das Hämmern ging weiter, aber meine Angst hatte nachgelassen. Nach nur wenigen Augenblicken kam die Antwort wie aus dem Nichts. Die Lösung überraschte mich, war jedoch von kristallener Klarheit.

Ich wußte, was ich tun mußte.

Es war Zeit zu gehen. Es war Zeit, nach Hause zu fahren.

Diese Reise war – in all ihren Aspekten – erhellend und transformierend gewesen. Aber ich hatte meine Geschichte gefunden. Ich hatte bekommen, was ich brauchte. Ich war es leid, meine Bauchschmerzen zu verdrängen. Das Hämmern würde nicht aufhören – offensichtlich verfolgte es mich, wohin ich auch ging. Außerdem verlor ich mich allmählich in dieser Kultur, was nicht Sinn und Zweck meiner Reise war. Aus vielerlei Gründen – von denen ich einige verstand, andere nicht – wurde deutlich, daß derselbe Wirbel, der mich hierhergeweht hatte, mich jetzt ausspie.

Ich war an meine Grenzen getrieben worden. Genug war *genug*.

Ein seltsames Gefühl stellte sich ein. Ich war aufgewühlt, fast panisch. Ich begriff diese Stimmung nicht, aber ich wußte, was sie bedeutete. Ich wurde aus Ägypten nicht sanft hinausgestupst, sondern genauso kraftvoll hinausgestoßen, wie ich angezogen worden war. Es war nicht nur Zeit abzureisen, sondern es *sofort* zu tun. Mein nordafrikanisches Abenteuer war zu Ende.

Ich ging zum Telefon und rief Wendy in den Vereinigten Staaten an.

»Schau doch, ob du mich hier herausbekommst«, sagte ich. »Erkundige dich bitte, ob es noch heute abend einen Rückflug gibt.«

Wendy versprach, mich innerhalb einer Stunde zurückzurufen. Ich legte auf und begann, meine Sachen in die Koffer zu packen. Bald läutete das Telefon. Ich hatte Wendys Stimme erwartet, doch es war Essam.

Er fragte, wie es mir gehe und wann ich wieder zum Sandplatz käme.

Essam hatte mir so sehr geholfen, einen Ort zu finden, wo ich bleiben und arbeiten konnte. Er hatte mir noch viele Dinge zeigen wollen. Ich wußte, daß er sich darauf freute – und daß er wegen der plötzlichen Änderung meiner Pläne enttäuscht sein würde. Nach all dem, was er für mich getan hatte, kam ich mir ganz töricht vor. Ich hoffte, er würde sich angesichts der neuen Situation von mir nicht im Stich gelassen oder betrogen fühlen.

Einmal, als ich mit Nichole und Will in einem Restaurant aß, rutschte eine Scheibe Ananas, die meine Tochter abzuschneiden versuchte, von ihrer Gabel, flog durch den Raum und landete zu Füßen eines anderen Gastes. Nichole hielt die Hand vor den Mund und sagte: »Ups.«

So mußte auch ich jetzt reagieren.

Essam schien über die Nachricht betrübt zu sein, aber er respektierte meine Entscheidung. Ich sagte ihm, daß ich Wendys Rückruf erwarte, um zu erfahren, welche Flugverbindungen es gab. Falls ich noch heute abend in die USA zurückfliegen könnte, würde ich vorher bei ihm vorbeikommen und mich verabschieden. Ich legte auf und packte weiter. Nachdem ich meinen letzten Koffer verschlossen hatte, wurde mir bewußt, daß Wendy bisher nicht angerufen hatte.

Inzwischen waren drei Stunden vergangen.

Ich war unruhig, verwirrt. Wendy ist zuverlässig und immer pünktlich. Sie hält sich an ihr Wort. Noch aus der Ferne hatte sie mir geholfen, die technischen Details der Reise zu bewältigen.

Ich rief sie an. Sie hob sofort ab.

»Wo warst du denn?« fragte sie. »Ich hab' versucht, dich zu erreichen. Aber an der Rezeption teilte man mir mit, daß du einen Tagesausflug unternommen hättest.«

Meine Unruhe steigerte sich in eine leichte Paranoia.

Warum sollten sie ihr so etwas sagen? Sie wußten, daß ich auf meinem Zimmer war. Ich hatte mehrmals die Rezeption angerufen und mit der Person dort gesprochen. Und so sah ich alles genau vor mir. Nichole würde herfliegen müssen, um mich gewaltsam zu befreien und nach Hause zu bringen. Das wäre dann eine Art Remake von *Nicht ohne meine Tochter*, jener genauso haarsträubenden wie lebenswahren Geschichte über eine amerikanische Frau, die ein arabisches Land nicht eher verlassen wollte, als sie ihre Tochter dem Zugriff des von dort stammenden Vaters entzogen hatte. Nur würde Nichole ihr Buch dann *Not Without My Mother* (Nicht ohne meine Mutter) nennen.

Wendy und ich kamen zu dem Schluß, daß hier aus irgendeinem Grund etwas nicht stimmte – und daß es tatsächlich Zeit war aufzubrechen.

Wendy hatte gute Nachrichten für mich. Ich konnte am selben Abend abreisen. Ich würde von Kairo nach Tel Aviv fliegen und dort fast sieben Stunden Aufenthalt haben. Dann gab es einen Direktflug nach Los Angeles.

Ich zögerte nicht lange. Wenn diese Tür sich auftat, würde ich auch durch sie hindurchgehen.

»Reservier mir einen Platz«, sagte ich. »Wenn ich mich beeile, schaffe ich es noch.«

Ich bezahlte die Zimmerrechnung, verließ das Hotel, rief ein Taxi und fuhr zu den *Lotus Palace Perfumes.* Es war der Moment, einen letzten Blick auf den Sandplatz zu werfen und Essam auf Wiedersehen zu sagen.

Ich bat den Fahrer zu warten, während ich auf dem Rücksitz saß und eine Weile mit Essam redete. Dieser plötzliche Aufbruch machte uns beiden zu schaffen. Wir waren enge Freund geworden. Ich dankte ihm für seine Unterstützung, seine besondere Gastfreundschaft – und für all die Lektionen, die ich mit seiner Hilfe gelernt hatte. Wir schmiedeten Pläne für die Zukunft, falls ich je hierher zurückkäme.

»Natürlich würden die Frauen dich gerne wiedersehen«, sagte er. »Und die Pyramiden bergen noch weitere Kräfte.«

Außerdem könne er mit mir – und mit den Freunden und Familienmitgliedern, die ich mitbrächte – in der Wüste kampieren, während der heißen Tage arabische Zelte aufstellen und darin übernachten oder auf Kamelen durch die Nacht reiten.

Essam entschuldigte sich kurz und kam dann mit mehreren Geschenken zurück. Er überreichte mir Flaschen, die mit farbigem Wüstensand gefüllt waren, eine metallene Gedenktafel, eine kleine Figur und drei steinerne Nachbildungen der Pyramiden. Ich packte alles in meinen Koffer. Dann legte Essam drei winzige blaue Steinkäfer – Skarabäen – in meine Hand, die als Symbole der Auferstehung, der Wiedergeburt und des ewigen Lebens gelten.

Ich umarmte ihn zum Abschied, sagte, daß ich eines Tages zurückkommen würde, und fügte hinzu: »*Insha'a Allah.*«

Ich stieg in den Wagen, und wir fuhren Richtung Flughafen. Um dorthin zu gelangen, mußten wir durch Giseh und durch fast ganz Kairo. Es war spät. Die Zeit lief ab. Der ohnehin schon zähflüssige und ungeregelte Verkehr würde weiter zunehmen, bis er dann am Abend seinen chaotischen Höhepunkt erreichte.

»Geben Sie Gas!« sagte ich zu dem Taxifahrer, als wir uns mühsam einen Weg durch Giseh bahnten.

Er drehte sich um und sah mich fragend an. »Gas geben?« wiederholte er mit arabischem Akzent. Offensichtlich verstand er nicht.

»Ja, Gas geben. Tempo«, sagte ich und machte eine kurze, schwungvolle Handbewegung.

»Ah!« Er nickte wissend. »Schnell!«

Ich warf einen letzten Blick zurück auf die Pyramiden. Für die abendlichen Führungen angestrahlt, glühten sie geheimnisvoll vor dem Horizont der Wüste. Ich sank tiefer in den Sitz und schloß die Augen, bereitete mich innerlich auf die Fahrt vor. Jetzt trat der Chauffeur pflichtbewußt aufs Gaspedal.

Ein Gedanke schoß mir durch den Kopf. *Entspann dich nicht zu sehr. Diese Reise ist noch nicht vorbei.* Ich ignorierte ihn. Ich wollte einfach nach Hause.

Eine halbe Stunde vor Abflug trafen wir am Kairoer Flughafen ein. Ich schleuste mein Gepäck durch die erste Sicherheitskontrolle und versuchte dann, an den zahlreichen Kofferträgern vorbeizukommen, von denen einige meine Sachen nicht einmal berührten, die aber alle die Hand für ein Trinkgeld aufhielten. Einer stürzte auf mich zu und wollte sich das Geld schnappen, das aus meiner Tasche hing.

»Hören Sie auf! Das ist ja widerlich«, schrie ich leise. »Sie haben mein Gepäck noch nicht einmal berührt. Lassen Sie mich in Ruhe!«

Als ich einige Augenblicke später die nächste Sicherheitskontrolle erreichte, atmete ich tief durch. Ich dachte, daß meiner Rückreise jetzt nichts mehr im Wege stünde. Aber die Sache war noch nicht ausgestanden. Eine junge Frau mit dunklen Haaren trat plötzlich an mich heran und zog mich beiseite. Damit begann das Verhör.

»Daß ich in Kairo festgehalten und vernommen wurde, erschien mir nur als ein dummer Zufall. Als ich dann, nachdem ich zusammengeklappt und in Tränen ausgebrochen war, endlich freikam, dachte ich über diesen Zwischenfall nicht länger nach. Ich war einfach froh, alles hinter mich gebracht zu haben und nach Hause fliegen zu können. Jetzt aber, nach fast vier Stunden Verhör in künstlichem Licht, bei dem Sie meine Notizen durchsucht und meinen Computer kontrolliert haben, weiß ich, daß das Ganze mehr als ein dummer Zufall ist«, sagte ich zu der Vernehmungsbeamtin in Tel Aviv.

Etwas ist hier im Gange, dachte ich. Da steckt doch mehr dahinter.

Als die Frau mit kastanienbraunem Haar, die mich hier regelrecht in die Mangel nahm, meine Enttäuschung und Wut spürte, lenkte sie ein. Zum ersten Mal wirkte sie verständnisvoll, fast menschlich.

»Tut mir leid, daß es so lange dauert«, sagte sie. »Aber in unserem Land gibt es viele Bombendrohungen.«

»Ich verstehe«, sagte ich in der Hoffnung, daß das Verhör damit beendet sei.

Dem war aber nicht so. Sofort schleuderte sie mir die nächste Frage entgegen.

»Haben Sie weitere Aufzeichnungen? Oder sonst etwas, das Sie uns zeigen können?«

Warum wurde ich derart gequält? Was spielte sich hier ab? Ich hatte schon das erste Verhör in Kairo nicht verstanden, aber das hier überstieg meine Vorstellungskraft. Ich stand da, schweißgebadet, die *einzige* Person im Flughafen, die festgehalten wurde.

Ich durchsuchte meine Mappe. »Hier, da hab' ich's«,

sagte ich. »Das ist alles, was ich finden kann. Mehr habe ich wirklich nicht geschrieben.«

»Lesen Sie es mir vor«, verlangte sie.

Ich begann, den Text auf dem zerknitterten Papier vorzulesen.

»Es geht nicht nur darum, was wir tun oder nicht tun, obwohl auch das von Bedeutung ist. Ja es geht gar nicht einmal darum, immer alles richtig zu machen. Und es geht ganz sicher nicht darum, sich so zu verhalten, wie die anderen es uns vorschreiben. Es geht vielmehr darum, wie wir uns selbst behandeln und inwieweit wir uns lieben, wie wir auf uns reagieren und wie wir uns sehen – unsere Erfahrungen, unseren Charakter, unser früheres Leben. Es geht darum, daß wir uns dieses Gefühl von sanfter, liebevoller Selbstbejahung entgegenbringen, nach welchem wir uns so lange gesehnt haben.

Der *Geist* einer Sache ist entscheidend. Und dieses Buch handelt vom Geist der Selbstliebe«, schloß ich.

In diesem Augenblick, da ich der Vernehmungsbeamtin gegenüberstand und meine Sätze vortrug, begriff ich plötzlich. In Tel Aviv ging mir ein Licht auf. Dieses Verhör war weder Strafe noch Folter, obwohl es mir gewiß so erschien. Die Welt war nicht gegen mich. Im Gegenteil: Das Leben wollte mir etwas zeigen und beibringen.

Ich sollte dieser Sicherheitsbeamtin meine Geschichte erzählen. Das war kein Zufall, sondern ein wesentlicher Bestandteil der Reise, des Buches – und meines Lebens.

Das Gefühl, gequält zu werden, hatte mich derart beschäftigt, daß mir der eigentliche Zweck des Verhörs gar nicht klar gewesen war. In Kairo hatte ich ihn übersehen, aber das war kein Malheur. Lektionen verschwinden nicht einfach. Wir werden immer wieder mit ihnen konfrontiert, bis wir sie schließlich lernen.

Als ich zu dieser Einsicht gelangte, war das Verhör zu Ende.

Die junge Frau lächelte.

»Sie können jetzt gehen«, sagte sie. »Eine gute Reise.«

Ich erreichte meinen Flugsteig wenige Minuten vor dem Aufruf. Als ich die Gangway entlangging, merkte ich, daß mir etwas entfallen war. Ich hatte vergessen, der Beamtin jene Gesprächsprotokolle zu zeigen, die ich nach dem Ausflug zu den Terroristenhügeln um Algier angefertigt hatte.

Das jetzt nachzuholen wäre absolut sinnlos, dachte ich. Ein Fehler ohne böse Absicht. Außerdem verpasse ich sonst mein Flugzeug.

Ups, wieder einmal.

Ich setzte mich an meinen Platz in der komfortablen Maschine der Air France. Frankreich hatte mir die Schönheit seiner Kunstwerke im Louvre gezeigt und mir einen völkerkundlichen Einführungskurs über die ewigen Themen des Lebens im Musée de l'Homme gegeben. Jetzt demonstrierten mir die Franzosen noch etwas – nämlich wie man die schönen Dinge genießt; darauf verstehen sie sich. Ich habe sogar gehört, daß sie die Viertagewoche einführen wollen. Offenbar sind sie bereit, weniger Geld zu verdienen, damit ihnen mehr Zeit fürs Vergnügen bleibt.

Der Steward brachte mir eine Tasse Kaffee und bot mir ein Croissant an. Es war goldbraun, leicht und mit Käse gefüllt. Wegen dieser Speise brauchte ich mir keine Sorgen zu machen. Ich trank einen Schluck Kaffee, atmete sein intensives Aroma ein und lehnte mich zurück.

Ich war auf dem Weg nach Hause.

12. *KAPITEL*

Reifeprüfung

Als ich in Los Angeles von Bord ging und mich auf die Zollkontrolle vorbereitete, war ich aufs Schlimmste gefaßt. Die letzten beiden Erlebnisse mit den Sicherheitsbehörden steckten mir noch in den Knochen. Es überraschte mich, daß ich – nachdem ich der Zollbeamtin meine Deklaration überreicht und 65 Dollar Zoll bezahlt hatte – sofort die Vereinigten Staaten betreten durfte: ohne viel Aufhebens und ohne längere Vernehmung.

Ein junger Gepäckträger half mir mit den Koffern. Ich eilte Richtung Ausgang. Nichole hatte versprochen, mich abzuholen. Während ich das Förderband umrundete, griff ich in meine Tasche, zog die weiße Kopfbedeckung hervor und band sie mir um den Kopf.

Als ich ins Hauptgebäude des Flughafens kam, stand da Nichole und hielt nach mir Ausschau. Sie erkannte mich nicht sofort. Dann aber weiteten sich ihre Augen, und sie brach in Gelächter aus.

Wir umarmten uns. *Jetzt wußte ich, daß ich zu Hause war.*

Bald nach meiner Rückkehr rief Nichole mich an. Sie begann das Telefongespräch in der üblichen Art und Weise.

»Was machst du gerade?« fragte sie.

»Ich versuche zu begreifen«, antwortete ich.

»Was zu begreifen?«

»Das Leben.«

»Wie wir alle wissen, handelt es sich hierbei um ein großes Geheimnis, das wir *Ihnen* nicht verraten werden. Nun denn, arbeiten Sie weiter daran«, spöttelte sie. »Lassen Sie es mich wissen, wenn Sie die Antwort gefunden haben, dann sage ich Ihnen, ob sie richtig ist.«

Obwohl wir plänkelten, brachte unsere Unterhaltung meine Reaktionen bezüglich der Reise auf den Punkt. In Nordafrika war ich auf viele nützliche, äußerst wertvolle und erhellende *Teile* gestoßen. Ich hatte den Schlüssel zur Kraft gefunden. Manch ein Geheimnis war mir enthüllt worden. Aber trotz dieser Entdeckungen entzog sich weiterhin etwas meinem Blick, meinem Zugriff – und war einfach unfaßbar.

Ich hatte das *eine fehlende* Teil noch immer nicht gefunden.

Bald nach meiner Rückkehr ließ ich mir die Haare aufhellen. Angelo, mein Friseur, der sie mir für die Reise dunkel gefärbt hatte, gab ihnen nun eine blonde Tönung. Er betonte, daß dies mein Leben, meine Arbeit und auch das Buch positiv beeinflussen werde. Er sagte, mein *aurisches Feld* würde sich lichten, und deshalb sei es gut, eine Zeitlang hellere Haare zu haben.

Ich widersprach ihm nicht. Angelo besitzt die unglaubliche Fähigkeit, mein Haar und mein Leben aufeinander abzustimmen. Frisur und Kleidung waren inzwischen fast zu einer Art Kostüm geworden – ein wichtiger, wenngleich äußerer Teil meiner selbst. Jedenfalls erschien es mir aus irgendeinem Grund ganz natürlich, blond zu sein und hellere Sachen zu tragen.

Es dauerte einen Monat, bis sich mein Magen von den schädlichen Nachwirkungen der marokkanischen Milch erholt hatte. Dabei wurde mir klar, daß es nicht nur darauf ankam, die Krankheitserreger einer Milch zu beseitigen, die für meinen Verdauungsapparat unzureichend sterilisiert war. Die Reise hatte einen viel tieferen Heilungsprozeß zur Folge. Ob ich diese intensiven und oft überraschenden Lektionen wirklich durcharbeiten wollte oder nicht, spielte keine Rolle. Das innere Räderwerk war in Gang gesetzt worden. Es gab kein Zurück.

Immer wieder sah ich den Halbmond mit Stern – auf Schildern, Postern, Schmuckstücken und manchmal auch am frühen Morgenhimmel. Ich wußte immer noch nicht, was dieses Zeichen eigentlich bedeutete. Aber ich ahnte, daß es ein wichtiges Sinnbild war – ein heiliges Symbol, das meinen Geist und mein Herz direkt ansprach.

Alte, hochgeschätzte Wertvorstellungen kamen mir wieder zu Bewußtsein. *Liebe deinen Gott von ganzem Herzen, aus tiefster Seele, mit allen Gedanken. Heilige den*

Sabbat – unabhängig davon, welchen Tag der Woche du als solchen betrachtest. Sei nicht habsüchtig. Liebe deinen Nächsten. Und, in Anlehnung an den bevorzugten Spruch von Tommy Boy: Vergiß nicht, aus Liebe zu Gott, *dich selbst zu lieben.*

Auf der Reise durch den Westen der Vereinigten Staaten die Kräfte des Universums am Werk zu sehen war eine Sache. Eine andere war es, mitzuerleben, wie in jenen weit entfernten, vom Terrorismus heimgesuchten Ländern die Kräfte des Universums *unmittelbar in mir* wirkten.

Diese Reise hatte meinen Glauben an Gott, an das Universum und an mich selbst erneuert und gefestigt.

Ich würde Monate brauchen, um die gelernten Lektionen in mein Leben zu integrieren und deren Bedeutung zu ermessen. Ich hatte ein paar kostbare Perlen der Weisheit nicht nur gesammelt, um sie in einem Schmuckkästchen zu verwahren und dann mit Muße hervorzuholen und zu untersuchen. Vielmehr war durch die Erfahrungen in der Fremde eine grundlegende innere Wandlung eingetreten. Daran bestand kein Zweifel.

Ich hatte eine Initiation hinter mir. Sie beinhaltete eine nochmalige Prüfung und Demonstration wesentlicher Lektionen der Vergangenheit. Doch dieser Weg voller Hindernisse, den ich mit viel Mühe gegangen war, hatte mir auch wichtige Hinweise gegeben, in welcher Richtung die Energie auf der neuen Stufe wirken würde.

Während wir, der gegenwärtigen Umbruchsstimmung vertrauend, uns stockend oder eilig vorwärts bewegten, waren wir alle in eine neue Zeit eingetreten.

Der Beginn des neuen Jahrtausends war näher-gerückt.

Das Wort »Geheimnis« gewann immer mehr an Bedeutung. Lektionen und Einsichten offenbarten sich allmählich mit der gleichen Raffinesse wie die Handlung in einem Detektivroman von Raymond Chandler. Ich begann, dieser Energie zu vertrauen und manchmal sogar mit ihr zu spielen – fast so, als nähme ich an einem Gesellschaftsspiel teil. Der Versuch, dabei zu viel zu früh zu erfahren, erzeugte nur qualvolle innere Kämpfe. Widerstand war keine empfehlenswerte Option und hatte nur größeren Schmerz zur Folge.

Auch »Integrität« wurde zu einem Schlüsselwort. Auf dieser neuen Stufe konnte alles mögliche geschehen, aber es war nicht mehr die Zeit des »Alles ist möglich«. Manipulation, Täuschungsmanöver, Hinterlist, Verdrängung, Mogelei, unlautere Absichten und kleine, unscheinbare Lügen kamen sofort ans Licht. Die Energie dieser neuen Zeit war lebendig, vibrierend, instinktiv und grenzte ans Übersinnliche. Sie erforderte Wahrhaftigkeit.

Schneller zu machen und zu hetzen funktionierte ebenfalls nicht mehr – beziehungsweise überhaupt nicht. Das von der Angst diktierte Tempo behinderte mich eher. Ich hatte zwar einen fliegenden Start, rannte aber geradewegs gegen eine Wand. Nun ergab sich ein ausgewogenerer Rhythmus, der nicht unbedingt der meine war. Ich mußte lernen, mir die nötige Zeit zu nehmen.

Bei dieser beschleunigten und zugleich fast unmerklichen Bewegung kam es auf die Details an. Obwohl sie mir manchmal zu langsam erschien, wirbelte die neue Energie durch mich hindurch und bewirkte blitzschnell Veränderung *und* Heilung, wenn ich mir Zeit dafür nahm und jede Einzelheit zu schätzen wußte.

Zwar ermüdete es mich bisweilen, genau darauf zu achten, was ich tat und aß, aber ich reagierte noch sensibler auf alles Giftige. Wir müssen in Höchstform sein, um jener gewaltigen schöpferischen Kräfte teilhaftig zu werden, die sich in der Welt manifestieren.

Einen Monat nach meiner Rückkehr, als die Magenschmerzen nachließen, unternahm ich einen Ausflug zum Redwood Forest bei Big Sur, um fernab des Alltags ein friedliches Wochenende zu verbringen.

Dort hatte ich den beunruhigenden Traum von einem Alchimisten (ausgestattet mit der magischen Kraft, Schlacke in Gold zu verwandeln), der allzu leichtsinnig mit seiner Axt umgegangen war. Voller Eifer, aus den eigenen Erfahrungen Gold herzustellen, hatte er auf sich selbst eingeschlagen. Seine Alchimie war ihm zum Verhängnis geworden. Im Traum nun versteckte er sich im Bett unter Laken und Steppdecke. Beseelt von dem Wunsch, seine Zauberkünste anzuwenden, hatte er sich so übel zugerichtet, daß fast nichts mehr von ihm übrig war. Das wiederum beschämte ihn derart, daß er vor aller Welt verbarg, was er getan hatte.

Dieser Traum zermürbte mich. Kurz davor hatte ich mir eine Axt gekauft, um Holz für meinen Ofen hacken zu können. Vielleicht handelt es sich nur um einen Alptraum, dachte ich, der auf mein zu spätes Abendessen zurückzuführen ist. Oder er ermahnt mich einfach dazu, die neue Axt mit Vorsicht zu benutzen.

Ich versuchte, den Traum als unwichtig abzutun, aber er ließ mich nicht mehr los.

Allmählich enthüllte er sein Geheimnis. Als ich ihn richtig deutete und verstand, sträubten sich mir die Haare auf beiden Armen. Nachdem ich um die halbe Welt gereist war, hatte ich schließlich das fehlende Teil gefunden.

Die ganze Zeit war es um *mich* gegangen.

Im Namen Gottes und des geistigen Wachstums, im Bemühen, nett zu sein und alles richtig zu machen, hatte ich, wie Janis Joplin in ihrem Lied klagend singt, viele Teile meines Innern preisgegeben.

Ich hatte meine Selbstachtung an diejenigen abgetreten, die unfähig waren, mich zu lieben – entweder weil ihr Schicksal es nicht zuließ oder weil sie selbst es nicht wollten. »Hier, nimm meine Selbstachtung«, hatte ich gesagt. »Du hast ganz sicher recht. Mit mir stimmt etwas nicht.« Ich hatte nie die Regeln dafür gelernt, wie man geliebt wird. Ich hatte mich der Kraft beraubt, zu lieben, geliebt zu werden und vor allem mich selbst zu lieben.

Denen, die jederzeit bereit waren, mich zu hintergehen, hatte ich die besten Teile meines Herzens und meiner Seele überlassen: meine Hoffnung, meine Fähigkeit, innerlich erfüllt zu sein, und mein Mitgefühl für mich selbst. Ich hatte aufgegeben, was ich als meine Wahrheit erkannte. Ich hatte verzichtet auf mein Recht, von Lüge und Täuschung verschont zu bleiben. Statt dessen hatte ich gelernt, mich selbst zu betrügen. Ich hatte so viel geopfert und war dafür mit so wenig zufrieden. Das war ein entsetzliches, geisttötendes Spiel. Immerhin handelte es sich um die wertvollsten Teile meiner Persönlichkeit. Mein Gott, es war Zeit, sie zurückzuholen!

Es war Zeit, mich selbst wirklich zu lieben.

Ich hatte den Menschen, die meinten, daß sie besser wüßten, was für mich richtig wäre, systematisch meine innere Stärke »vermacht«. Ich hatte die Fähigkeit verloren, nachzudenken, zu fühlen, herumzustolpern und meinen eigenen Weg zu finden. Ich hatte so viel von meiner Kraft eingebüßt, daß mein Licht fast erloschen war. Ich mußte mich immer wieder daran erinnern, daß jeder von uns wertvoll ist und einen wichtigen Beitrag leistet – und daß *meine* Antworten in mir liegen.

Ich war unfrei, in zahlreichen Kisten und Fallen gefangen – von Geldproblemen über krankhafte Liebe zu all den »Du mußt«, »Du sollst«, »Du sollst nicht«, die in der Gesellschaft kursieren und die in meinem Kopf widerhallten. Ich hatte mir die Flügel gestutzt, saß in einem Käfig und fühlte eine große Bitterkeit und Ohnmacht. Ich brauchte dort nicht zu bleiben; ich wußte, wie man fliegt.

Für die dunklen Kräfte des Kummers, die mich belasteten und schwächten, hatte ich die Fähigkeit hingegeben, Freude zu empfinden. Ich war zu der Überzeugung gelangt, daß es im Leben nur darum ging, Verluste hinzunehmen. Ich dachte, man müsse immerzu leiden und die Zähne zusammenbeißen. Wie lauteten doch gleich jene Sätze, an die ich glaubte? »Alles ist zu deinem Besten. Es gibt einen Weltplan. Du kannst dich auf Gott wirklich verlassen.«

Ich hatte denen meine Stimme übereignet, die mein Schweigen ausnutzten. In meinem Hals steckten so viele Wörter, daß ich kaum noch sprechen konnte. Ich hatte vergessen, wie man voller Wut oder voller Freude schreit: »Hau ab!« oder »Komm näher!« Ich verstand es meisterhaft, mich zu fügen. Ich wußte nicht mehr, wie wichtig meine ureigene Sprache ist. Es war Zeit, diesen Text wiederzufinden und zum Ausdruck zu bringen.

Ich hatte mir angewöhnt, unzählige Dinge einfach zu ignorieren. Mir war mein Stock abhanden gekommen. Trotzdem verfügt jeder von uns über eine enorme emotionale und spirituelle Kraft. Ich mußte mir also bewußtmachen, was für mich wichtig ist. Wenn man den anderen sagt: »Bis hierher und nicht weiter«, ist das für alle Beteiligten von Vorteil.

Ich hatte Menschen, die mich nicht beschützten,

mein Recht auf Geborgenheit übertragen. Ich war mir nicht mehr im klaren darüber, wie man dem Leben und sich selbst vertraut, wie man sich sicher fühlt und Verletzungen vorbeugt. Ich dachte, ängstlich und wachsam sein zu müssen. Es war höchste Zeit, den Zustand geistigen Friedens wiederzuerlangen; ich wußte, welcher Schritte es dazu bedurfte.

Ich hatte Menschen, die mich nicht mochten – zumindest nicht in der Weise, wie wir es uns wünschen –, meine Daseinsberechtigung »ausgehändigt«. Vielleicht konnten sie sich nicht für mich entscheiden, ich aber konnte es. Wir alle, die wir jetzt hier sind, haben uns entschlossen, an der gegenwärtigen Umbruchsphase teilzunehmen. *Wir sind die Auserwählten.*

Aufgrund meiner zerstörten Träume hatte ich die Fähigkeit eingebüßt, abermals zu träumen. Ich war der Meinung, daß nirgendwo mehr Neuland existiere, daß kaum etwas zu Hoffnungen Anlaß gebe. Ein wesentlicher Teil von mir war abgestorben. Ich hatte vergessen, wie man Wünsche formuliert. Ich hielt sie für töricht, den Schwachen vorbehalten, nicht aber den Menschen mit Verstand. Ich bezweifelte, daß noch irgendwelche Belohnungen bereitstünden – zumindest nicht in dieser Welt und nicht für mich. Es war Zeit, meinen Sinn für das Wunderbare und meine Ehrfurcht zurückzugewinnen. Ich wollte wieder Geldstücke in einen Brunnen werfen und mir bei einer Sternschnuppe etwas wünschen.

Da ich nun wußte, welche Teile mir fehlten, wollte ich sie alle wiederhaben.

Wir müssen uns mit nicht weniger zufriedengeben, als wir verdient haben – unser Geburtsrecht besteht darin, unversehrt, ganz und vollkommen zu sein. Wir brauchen nicht zu wissen, wie sehr wir uns geirrt haben, sondern wie schön unsere Seele und unser Leben sind.

Bald nach meiner »Entdeckung« in Big Sur rief mich Nichole im dortigen Ferienhaus an. Sie war ganz aufgeregt und wollte mir noch vor meiner Ankunft zu Hause etwas Wichtiges erzählen.

»Meister Huang kommt wieder in die Stadt«, sagte sie. »Es wird Zeit, daß du dein Tao empfängst.«

Auf diesen Augenblick hatte ich lange gewartet.

Die Initiation war beendet. Gerade hatte ich die Prüfung bestanden.

Die letzte Botschaft der Reise wurde zunehmend klarer: *Wenn du meinst, dein Leben sei zu einer Art Hindernisrennen geworden, dann verlier nicht den Glauben. Wenn du den Eindruck hast, als würden sich alle alten Türen schließen, so wird sich bald eine neue Tür weit auftun. Diese ist der Durchgang zu einer bisher unbekannten Dimension des Lebens.*

Am 3. März 1996, gegen 15 Uhr, ging ich durch die Eingangstür des Venice Holy House in Venice Beach, Kalifornien. Der Bereich vor dem Haus war eine friedliche Landschaft, ein Zen-Garten. Drinnen lag der intensive, berauschende Duft jener köstlichen vegetarischen Gerichte, die für das bevorstehende Festmahl zubereitet und aufgetischt worden waren.

Nichole begleitete mich. Den ganzen Nachmittag wich sie nicht von meiner Seite. Sie hatte diese Zeremonie bereits hinter sich und würde die Rolle einer Begleiterin, einer Führerin übernehmen, um für mich gleichsam zu bürgen.

Um 15 Uhr 30 wurde mein Name – einschließlich des Mädchennamens – in das Buch des Lebens eingetragen: Melody Lynn Vaillancourt Beattie. Man teilte mir mit, daß es sich hierbei nur um eine Formalität handle, denn mein Name stünde schon seit je darin. Nachdem Meister Huangs Assistent ihn gewissenhaft und in der richtigen Schreibweise notiert hatte, forderte er mich auf, in den hinteren Raum des Heiligen Hauses zu gehen.

Die Zeremonie konnte beginnen.

Zuerst wurden die Männer, dann die Frauen mit Namen aufgerufen und gebeten, nach vorn zu treten. Als mein Name fiel, nahm ich vorsichtig meinen Platz in der hinteren Reihe der Frauen ein, die vor dem Altar knieten. Die Chinesin, die Meister Huang assistierte und kein Wort Englisch sprach, bedeutete mir, mit jemandem in der vorderen Reihe den Platz zu tauschen. Ich sollte beim Weihrauchgefäß sitzen – genau dort, wohin Nichole vier Monate zuvor dirigiert worden war.

Mich verhaspelnd, beteiligte ich mich an der wiederholungsreichen Liturgie – ahmte die Geräusche nach, artikulierte die chinesischen Wörter, so gut ich konnte. Dann wandte sich Meister Huang an jeden einzelnen Teilnehmer. Er legte seine Hand auf meinen Kopf und fragte mich, ob ich bereit sei für diesen Schritt. Ich sagte ja. Und so verkündete er feierlich, daß ich hiermit mein Tao empfangen habe.

Nachdem Meister Huang bei jedem einige Augenblicke verweilt hatte, sagte er, daß das Licht in unserem Innern nun genauso hell brenne wie die Kerzenflammen auf dem Altar. Unser Karma sei beendet, und wir würden nicht mehr wiedergeboren. Wir hätten jenen Zustand erlangt, den die Alten »Erleuchtung« nannten.

Er forderte uns auf, wieder auf den Stühlen Platz zu nehmen.

Um trotz seines chinesischen Akzents richtig verstanden zu werden, übermittelte uns Meister Huang mit gewählten Worten die Drei Schätze. Behutsam erklärte er sie und brachte ihren Inhalt mit biblischen Texten in Verbindung. Anschließend legte jeder das Gelübde ab, in bezug auf die Drei Schätze Stillschweigen zu bewahren.

Diese Schätze sollten in uns verborgen bleiben.

Meister Huang sagte uns, daß der Zeitpunkt gekommen sei, zu lächeln. Wir besaßen jetzt die Schlüssel zum Königreich des Himmels – zum *Paradies* –, und zwar in diesem Leben und im nächsten.

Daraufhin sprach er:

»Tausende von Jahren war die Erleuchtung einigen

wenigen vorbehalten. Im Laufe der Menschheitsgeschichte gab es gewöhnlich nur jeweils *ein* erleuchtetes Wesen auf der Erde. Da wir nun in ein neues Millennium eintreten, wird die Erleuchtung auch der breiten Masse zuteil.

Das ist ein Geschenk der Zeiten und ein Zeichen der Zeiten.

Erleuchtung kann heute jeder erlangen.

Auf dem ganzen Globus wird sich ein Licht nach dem anderen entzünden, bis unser Planet in hellem Glanz erstrahlt.«

Als ich an diesem Tag zu Hause eintraf, wußte ich, daß ich an einem bedeutsamen und heiligen Ereignis teilgenommen hatte, allerdings ohne genau zu wissen, was eigentlich passiert war. Die Worte Meister Huangs gingen mir nicht mehr aus dem Kopf: »Du brauchst dir weder Sorgen zu machen noch Fragen zu stellen. Jedem Menschen wird gezeigt, was er zu tun hat.«

Ich legte mich früh schlafen. Ich war müde, erschöpft, zugleich aber innerlich erfüllt. Als ich einschlummerte, erhoben sich wieder die Santa Anas. Die Winde kreisten wie Wirbel ums Haus, genauso wie vor meiner Reise. Sie bliesen so heftig, daß Fenster und Türen erzitterten und der Papagei zu kreischen begann.

Am nächsten Morgen ging ich als erstes nach draußen, um nach dem Rechten zu sehen. Die Winde hatten erneut meinen Mülleimer weggefegt.

»Jetzt reicht's«, sagte ich zu mir. »Ich hab' genug davon. Das wird nie mehr geschehen.«

Ich schlenderte zum Haushaltswarengeschäft und kaufte einen Mülleimer sowie eine lange, dünne Kette. Ich band sie um die Tonne, machte mehrere feste Knoten und nagelte das andere Ende an den Briefkasten. »So«, sagte ich, als ich den letzten Nagel einschlug. »Dieses Problem wäre ein für allemal gelöst.«

Ich habe nie begriffen, was Karma ist – zumindest nicht in der Weise, wie es sich für eine Journalistin gehört. Ich bin mir nicht sicher, ob es hierbei um das Kausalgesetz geht, um unerledigte Angelegenheiten oder um die geistige Auswirkung dessen, was wir irgendwann einmal getan haben, auch wenn wir uns nicht mehr daran erinnern können. Mir bleibt unklar, ob Karma gleichbedeutend ist mit spiritueller Gerechtigkeit, mit dem Bumerang-Effekt – oder ob es einfach nur beschreibt, wie das Universum sich selbst ins Gleichgewicht bringt.

Außerdem weiß ich immer noch nicht genau, ob wir mehrere Leben haben oder nur eines. Fest steht jedoch, daß einige Menschen aufgrund zahlreicher Veränderungen in ihrem Leben gleichsam mehrere Leben haben.

Vielleicht müssen wir immer wieder neue Existenzen durchlaufen, um nach und nach all die fehlenden Teile zu finden und sie schließlich zusammenzufügen.

Ich habe keine Ahnung, was es heißt, kein Karma mehr zu haben – und ob ich mich tatsächlich in diesem Zustand befinde. Möglicherweise bedeutet es einfach zuzulassen, daß die Winde alte Überzeugungen und

Gefühle wegblasen – *jene Blockaden, die uns von der eigenen Kraft trennen*. Egal, wohin wir gehen möchten: Es gibt einen niederen Weg und einen höheren Weg. Die Energie der heutigen Umbruchsphase gibt uns die Freiheit, den höheren Weg zu wählen.

Gerade als ich nachprüfte, ob die neue Kette um die Mülltonne auch wirklich hielt – und es sah ganz danach aus –, fuhr Nichole in die Einfahrt.

»Und, hast du's schon begriffen?« fragte sie, als wir die Treppe hinuntergingen.

»Was denn?«

»Das Leben. Das Buch. Beides.«

Diesmal mußte ich lächeln. »Es ist für mich noch immer ein Geheimnis.«

ALS WILL GEBURTSTAG HATTE, kamen er und Nichole zu Besuch. An diesem Wochenende sollte etwas Außergewöhnliches geschehen; das spürte ich deutlich. Die beiden gingen los, um über den Strand zu wandern. Dort hatten sie sich kennengelernt.

Später am Abend kehrten sie ins Haus zurück; Nichole lächelte – nein, sie *strahlte* – und zeigte mir ihre linke Hand. Sie trug jetzt einen Verlobungsring, der mit einem funkelnden Opal besetzt war. Wir drei umarmten uns und weinten und redeten und lachten. Dann brachte meine Tochter Wills Geburtstagstorte.

Er blies alle Kerzen aus – bis auf eine. Dabei handelte es sich um eine besondere Kerze, die nicht ausging, so kräftig er auch pustete.

»Diese Kerze ist genauso wie wir«, sagte Nichole, während sie den Blick schweifen ließ. »Egal, was wir unternehmen, um die Flamme zu löschen – sie brennt und leuchtet weiter.«

Danksagung

Von all meinen Büchern hat dieses – das neunte – mich am meisten gefordert. Ich hätte es nicht allein schreiben können, und glücklicherweise war ich dazu auch nicht gezwungen. Eben deshalb möchte ich hier meinen Dank abstatten.

Mein besonderer Dank geht an Gott, die höchste Instanz im Universum, den ich bei der Arbeit am vorliegenden Buch zudem noch als »Allah« kennengelernt habe.

Nichole und Will, ich danke Euch beiden von Herzen. Nichole, Deine dynamische Persönlichkeit und Dein sprühender Witz haben diese Seiten lebendig werden lassen – und erfüllen mich weiterhin mit Freude. Will, es macht mich glücklich, daß Du zu einem Mitglied unserer Familie wirst. Ich mag Dich seit dem Augenblick, als Du zum ersten Mal in meinem Wohnzimmer gesessen und mich durch Deine Sanftmut und durch Dein liebevolles Verhalten beeindruckt hast. Willkommen an Bord! Habt Dank dafür, daß Ihr auf der Reise und dann während der Niederschrift immer bei mir wart! Ihr seid die Lieben meines Lebens. Ich bin äußerst stolz auf Euch und sehr froh über Eure Gegenwart. Mehr kann eine Mutter nicht verlangen.

Dr. Steve Sherwin, ich danke Ihnen für Ihre Geduld, Ihre fachliche Kompetenz und Ihren unerschütterlichen Glauben an mich und an mein Buch. Viele Vorstellungen, die darin zum Ausdruck kommen, sind durch Sie inspiriert worden.

Wendylee, es gibt nicht genügend Worte, um anzuerkennen, wie sehr Du mir als Planerin und »Kopilotin« im Laufe dieser äußerst intensiven, strapaziösen und herrlichen Expedition geholfen hast, die begann, als ich (ziemlich naiv damals) dieses Buch konzipierte. Herzlichen Dank für Deine ständige Unterstützung und Gegenwart, während ich durchs nördliche Afrika streifte; für Deine hervorragenden intuitiven Ratschläge; für Dein Lachen; für Deine Persönlichkeit und Dein Dasein. Ich kann mich glücklich schätzen, daß Du Teil meines Lebens bist. Wer sagte doch gleich: »Jeder sollte eine Wendylee haben«? Er traf den Nagel auf den Kopf. Uns allen sollte dieser Segen zuteil werden. Du bist meine Assistentin, meine Freundin, eine Lektorin, eine Beraterin – ein spiritueller und emotionaler Prüfstein.

Jhoni, danke, daß Du mir eine loyale und gute Freundin bist: Deine Anrufe zur rechten Zeit und Deine fruchtbaren Anregungen führten mich durch einige schwierige Stellen im Manuskript; daß Du den Geist von L. A. in mein Leben und in dieses Buch »eingehaucht« hast; daß Du mir deinen stets passenden persönlichen Rat zukommen läßt: »Melody, hör auf damit! Es geht jetzt nicht darum, nett zu anderen zu sein; Du bist wieder drauf und dran, Dir selbst zu schaden.« Du bist großartig und hast eine schöne Seele.

Toni, in dieser Welt gibt es nur sehr wenige echte Freunde und Freundinnen. Ich danke Dir, daß Du in mein Leben Freundschaft und Farbe gebracht und mir die Augen für das Wunderbare geöffnet hast. Du warst es, die mich am Neujahrstag anrief und sagte: »Ich habe eine Entscheidung getroffen. Ich werde mir selbst nicht mehr weh tun.« So habe ich durch Dich den Titel für dieses Buch gefunden. Danke auch, daß Du mich mit Jerry in Pasadena bekannt gemacht hast – und daß du mir zeigst, was eine überlegene Frau mit feinem Charakter ist.

John Steven, von Anfang an hatten wir keine herkömmliche Mutter-Sohn-Beziehung, aber Du warst immer in meinem Herzen. Du hast Dir durch zahlreiche Probleme Deinen Weg gebahnt und die Oberhand behalten. Ich bin sehr stolz auf Dich und wirklich angetan von Deiner Familie – von Deiner Frau Jeanette und meinem Enkel Brandon. Ihr drei habt bewundernswerte Arbeit geleistet.

Darüber hinaus möchte ich den Menschen in Marokko, Algerien und Ägypten meinen tiefen Dank und meine hohe Achtung erweisen. Sie haben mir ihre Häuser und ihre Herzen geöffnet. Essam, Du bist voller Anmut und Sanftheit. Deine innige Liebe zu Allah und Dein Glaube an die Existenz besonderer

Kräfte imponieren mir auch weiterhin. Danke für alles, was Du mir gezeigt hast! Den ägyptischen Frauen sende ich ein besonderes Dankeschön für die große Gastfreundschaft gegenüber einer Fremden. Fateh und Nazil, Ihr seid die Helden von Algier. Ihr beide habt mir den Aufenthalt in Eurem Land zu einem unvergeßlichen Erlebnis gemacht. »Danke« ist dafür nicht der rechte Ausdruck.

Schließlich danke ich Dir, Shane Anthony, ganz herzlich. Ich wollte Dir ein großes Erbe hinterlassen, statt dessen aber hast Du mir ein solches vermacht. Eines der vielen Geschenke ist Dein unglaublicher Abenteuergeist. Er ermutigte mich dazu, diese Reise zu unternehmen, ohne panische Angst an den Terroristenhügeln vorbeizufahren und auf einem Pferd durch die Wüste zu galoppieren. Erinnerst Du dich an jenen Abend auf der Insel, als Du meine Hand nahmst? Du sagtest: »Brechen wir auf«, und ich fragte: »Wohin?« Deine Antwort war: »In ein Abenteuer.« Das liegt sechs Jahre zurück. Nun, Du nimmst auch heute noch meine Hand und sagst: »Brechen wir auf.« Ich kann mir für eine Mutter keinen besseren Schutzengel vorstellen.